LE LIVRE DES OMBRES

de la sorcière éclectique

DEBORAH BLAKE

Traduction de Clélia E. Rubière

LE LIVRE DES OMBRES

de la sorcière éclectique

2022 ÉDITIONS DANAÉ

Éditions Danaé
1862, route de Baziège, la Lauragaise
31670 Labège
FRANCE

www.editions-danae.com

Retrouvez-nous sur les réseaux sociaux

Facebook @editionsdanae
Twitter @AllianceMagique
Instagram @editionsdanae

Crédits

Direction éditoriale : Aurélie Simonneau
Traduction : Clélia E. Rubière
Couverture, création graphique et mise en page : Emmà Landi
Correction : Clémence Fenu et Maëlle Foy

Images couverture : © Mickie Mueller
Images intérieures : © Mickie Mueller
Titre original : *The Eclectic Witch's Book of Shadows* © 2021 par Deborah Blake - Llewellyn Publications, Ltd., 2143 Wooddale Drive, Dept. 0-87542-121-0, Woodbury, MN 55125-2989, États-Unis

Un label des Éditions Alliance Magique
ISBN : 978-2-38062-043-6
Dépôt légal : 4e trimestre 2022
Imprimé en Turquie

Que ce livre soit béni
Au nom du Dieu et de la Déesse
Qui guident mes pas sur le chemin de la beauté
Qu'il soit rempli de sages conseils et de savoir
Puissé-je ne l'utiliser que pour le bien
Puissé-je le partager avec ceux qui en ont besoin
Puisse-t-il m'aider à grandir dans mon art
Et dans ma vie
Qu'il en soit ainsi

À PROPOS DE L'AUTEURE

Deborah Blake est l'auteure d'une quinzaine de livres sur la sorcellerie moderne, parmi lesquels *The Little Book of Cat Magic* et *Everyday Witchcraft*, ainsi que le jeu de tarot *Histoires de sorcières* et le jeu d'oracle *Everyday Witch Oracle*, tous deux salués par la critique. Elle a également écrit trois séries de romance paranormale et de fantasy urbaine pour Berkley ; *Furbidden Fatality*, le premier tome de sa nouvelle série de cozy mystery, est paru en 2021. Deborah vit dans une ferme du XIXe siècle dans le nord de l'État de New York, avec de nombreux chats qui supervisent toutes ses activités, aussi bien magiques que terre à terre. Retrouvez-la sur deborahblakeauthor.com.

SOMMAIRE

INTRODUCTION

Les sorcières ont recours à de nombreux outils dans leur pratique de leur art. La nature de ces outils peut varier énormément d'une sorcière à une autre. Pour certaines, l'athamé et le chaudron sont vitaux, car en plus de symboliser le Dieu et la Déesse, ils sont pratiques pour respectivement diriger de l'énergie et réchauffer ou faire brûler des ingrédients. D'autres leur préfèrent des baguettes, bâtons, balais, des assortiments de cristaux ou encore des herbes et bougies – ou peut-être même la totalité de ces objets. Et pourquoi pas ? Tout ce qui est utile à votre puissance magique et qui lui donne un coup de fouet a son importance ; si en plus l'objet en question est joli, alors c'est un bonus !

Les outils qui ont un sens personnel et émotionnel pour nous sont aussi ceux qui détiennent le plus de pouvoir. Qu'il s'agisse d'un collier pentacle offert par un ami, d'un morceau de quartz rose qui vous a appelé à une période où vous aviez besoin de son aura apaisante, ou même d'un athamé tout simple que vous avez acheté quand vous vous êtes aperçu que vous étiez sorcière, les outils qui sont le plus profondément vôtres sont ceux qui ont le plus de sens pour vous. Ils personnifient votre magie, et avec le temps, à force d'utilisation, ils se mettent à faire partie de vous.

Il n'existe pas d'outil plus personnel que le livre des ombres d'une sorcière. Parfois appelé grimoire, le livre des ombres contient les informations magiques d'une sorcière ainsi que les connaissances qu'elle acquiert au fil des années de sa pratique. Toutes les sorcières n'en possèdent pas nécessairement un, et divers livres des ombres peuvent avoir des

apparences très différentes. Comme pour tout en sorcellerie, il n'y a pas de « bonne » façon d'en créer ou d'en utiliser un, peu importe ce que vous avez pu entendre.

Gardez à l'esprit que le terme « livre des ombres » est relativement nouveau ; il a très certainement été inventé par Gerald Gardner dans les années 1940. Toutefois, le grimoire (ou livre de magie) est beaucoup plus ancien, même si ce nom est, lui, d'origine européenne. Il existait déjà des livres magiques dans la bibliothèque d'Alexandrie, en Grèce et Rome antiques, chez les Juifs de l'Antiquité ainsi que dans les sectes gnostiques du début du christianisme. Il est certain que la possession d'un tel livre aurait pu entraîner votre mise à mort pendant les sombres années de chasses aux sorcières.

Heureusement, de nos jours, la plupart d'entre nous peuvent inclure un livre des ombres à leur collection d'outils de sorcellerie sans crainte d'être condamnés au bûcher, même si tout le monde ne voudra pas forcément laisser le sien à la vue de tous. (Le mien est vieux, mais il ne vient pas non plus de la bibliothèque d'Alexandrie !)

Au commencement de la Wicca, les coven possédaient généralement un livre des ombres principal et les nouveaux initiés étaient autorisés à recopier les informations qu'il contenait dans leur propre livre, qu'ils complétaient ensuite au fur et à mesure de leur apprentissage. On leur faisait jurer le secret, et les mystères de la magie du coven ne devaient pas être partagés avec des personnes extérieures.

De nos jours, les coven ont parfois encore un livre des ombres de groupe, secret ou non. Mon groupe Blue Moon Circle en possède un, même s'il ne s'agit que d'une compilation assez simple de nos rituels, de quelques photos prises au fil des années (y compris lors de vacances où nous sommes partis ensemble) et d'un exemplaire de *Charge of the Goddess*. Sur la deuxième de couverture de notre livre des ombres, on trouve aussi une liste des noms de tous les membres qui ont fait partie du Blue Moon Circle. C'est tout autant une archive de notre parcours ensemble qu'un livre de magie, et à chaque fois que je le consulte, il m'évoque de merveilleux souvenirs.

Cependant, il n'est ni obscurément secret ni (je dois bien l'avouer) très bien organisé. Il ne contient pas de belles illustrations dessinées à la main, car mes compétences artistiques sont, au mieux, rudimentaires. Et il n'est même pas rédigé à la main, car mon écriture est tellement affligeante qu'on serait incapable de la relire. Alors j'écris les sortilèges et les rituels à l'ordinateur (parfois avec une jolie police, donc c'est déjà ça, non ?), je les imprime et je les colle dans le livre. Nous sommes des sorcières éclectiques et modernes : nous avons recours à n'importe quelle méthode, tant qu'elle fonctionne !

Dans l'ensemble, les livres des ombres sont créés et utilisés par des individus. Traditionnellement, ces livres étaient toujours censés être écrits à la main. On pensait qu'en rédigeant soi-même les sortilèges et les informations, cela leur conférait davantage de pouvoir. Est-ce vrai ? Peut-être, et si vous avez le temps, l'envie et une calligraphie correcte, c'est une excellente manière de procéder. Mais avec la démocratisation des ordinateurs, sans parler de la publication de livres tels que celui que vous tenez dans vos mains, il est devenu plus courant de taper ses listes, sortilèges et recettes à l'ordinateur ou bien de recourir à un livre écrit par un tiers.

Ce livre a pour but de prendre la place d'un livre des ombres que vous devriez commencer à partir de zéro ; il comporte toutefois de nombreuses pages blanches, de manière à ce que vous puissiez ajouter vos propres remarques au fur et à mesure que vous suivez le parcours qu'est votre vie dans la magie. Je l'ai intitulé *Le Livre des ombres de la sorcière éclectique*, car c'est ainsi que je me vois : comme une sorcière qui glane des éléments par-ci, par-là pour tracer son propre parcours dans la sorcellerie. Que vous soyez wiccan, sorcière éclectique, ou n'importe quoi d'autre entre les deux, j'espère que vous trouverez ce livre des ombres utile, amusant et bien entendu, magique.

Comment se servir de ce livre

Comme pour chacun de mes livres, et en vérité, tous les outils magiques, la réponse à cette question est « de la façon qui vous convient le mieux ». Il n'y a pas de « bonne » approche de la pratique de la sorcellerie, et par conséquent, pas de « bonne » manière d'utiliser un livre des ombres. Si vous débutez dans cet art, il pourrait être utile de commencer par le commencement et de lire le livre dans l'ordre, en apprenant au fur et à mesure. Si vous pratiquez depuis un moment, vous pourriez avoir envie de passer d'un chapitre à l'autre, en vous servant des éléments qui vous sont utiles pour les tâches magiques que vous accomplissez, quelles qu'elles soient.

Par exemple, si vous réalisez des expérimentations avec des herbes magiques, vous pourriez vous rendre directement à ce chapitre et voir les informations que je partage à ce propos, mais vous n'êtes pas obligé de vous arrêter là. Une fois que vous commencez votre propre travail, vous pouvez ajouter des remarques quant à ce qui a fonctionné ou non, sur les herbes qui vous ont le plus attiré, et ainsi de suite. Évidemment, vous pouvez utiliser le livre tel quel, mais vous avez également l'opportunité de le transformer en votre propre livre des ombres en écrivant les résultats de votre pratique magique personnelle.

Quelles pierres paraissent les plus efficaces pour la prospérité ou la guérison ? Existe-t-il des sortilèges qui semblent fonctionner pour vous systématiquement ? De quels dieux et déesses vous sentez-vous le plus proche, et pourquoi ? C'est votre livre des ombres. Servez-vous-en pour explorer, apprendre, vous entraîner ou lisez-le simplement car il vous intéresse : il n'y a pas de bonne ou de mauvaise façon de l'utiliser, seulement la façon qui vous convient le mieux.

N'hésitez pas non plus à écrire et à dessiner sur les pages !

« Ce livre est à vous,
remplissez-le de votre magie ! »

HERBES

Les herbes comptent parmi les outils les plus précieux d'une sorcière. Par chance, la plupart d'entre elles sont peu onéreuses et faciles à trouver. Même le très original « œil de triton » n'est qu'un surnom de la graine de moutarde, ingrédient qui se trouve peut-être déjà dans votre placard de cuisine. Les magiciens cérémoniels peuvent parfois utiliser de la racine de mandragore, mais nous, les sorcières, nous nous satisfaisons tout autant (pour la plupart) de romarin et de lavande.

D'ailleurs, nombre des herbes et plantes employées en magie sont polyvalentes et peuvent également avoir des usages thérapeutiques ou culinaires, entre autres. C'est donc facile d'associer la magie au terre à terre, puisqu'on peut mettre un peu de magie des herbes dans son repas, dans sa tasse de thé ou dans son bain.

Nos prédécesseurs en sorcellerie étaient souvent des herboristes et des guérisseurs qui cultivaient leurs propres ingrédients magiques ou bien allaient les cueillir directement dans la nature. Leurs compétences étaient appréciées par ceux qui sollicitaient leur aide pour les problèmes du corps, du cœur ou de l'esprit, et ce savoir était parfois transmis au sein des familles ou bien à des apprentis.

À l'époque, l'essentiel des connaissances était vraisemblablement enseigné directement par démonstration, mais parfois, des informations étaient partagées par le biais de grimoires ou même de livres tout simples probablement remplis de dessins d'herbes ainsi que de précieuses méthodes d'enchantements, de potions et de recettes. Ces personnes ne se désignaient peut-être pas comme des sorcières, mais c'étaient des païens qui vivaient sur des terres et qui leur attachaient de l'importance, et cela me suffit.

De nos jours, les sorcières sont plutôt autodidactes, à moins qu'elles n'aient à la fois l'envie de faire partie d'un coven et la chance d'en trouver un à proximité. Les informations sur les plantes qui se trouvent dans nos grimoires ou livres des ombres sont parfois tirées de livres, de nos propres tentatives, ou même (chuuut) d'Internet. Mais nous continuons de voir l'utilisation des herbes comme un des noyaux de la pratique de la sorcellerie, et c'est un thème idéal pour commencer un livre des ombres.

Quelques-unes de mes herbes préférées et leurs usages

Gardez à l'esprit qu'en magie, le terme « herbe » sert à désigner presque tous les types de plantes : cela inclut donc ce que nous considérerions habituellement comme des herbes, c'est-à-dire le romarin ou le thym par exemple, mais aussi les fruits, les arbres, les buissons et même les prétendues « mauvaises herbes », telles que le pissenlit ou la bardane.

ACHILLÉE MILLEFEUILLE : *feuilles et fleurs.* Courage, amour, protection, facultés psychiques, exorcisme. L'achillée millefeuille est une herbe fleurie que l'on peut souvent trouver dans la nature, et qui décore joliment les jardins, sorciers ou non. Traditionnellement, on l'utilisait dans les sortilèges d'amour et de protection et on disait qu'elle faisait durer l'amour au moins sept ans. (Après, c'était à vous de vous débrouiller !) On peut la consommer en tisane, la faire sécher pour l'incorporer dans des sacs d'enchantements ou des décorations, ou bien la placer dans un vase en tant que bouquet frais lorsque c'est la saison. Vous pouvez recourir à ses pouvoirs d'exorcisme afin de chasser la négativité de chez vous.

AIL : *tête.* Guérison, protection. Comme le sait toute personne qui en a déjà consommé, l'ail est une herbe à l'odeur forte qui fera fuir vos prétendants potentiels et peut-être aussi les vampires. Mais en magie, ses propriétés de protection œuvreront sans aucun doute en votre faveur. Vous pouvez utiliser des gousses entières dans des sachets de protection ou bien de la poudre d'ail dans des mélanges pour sortilèges. (Je vous déconseille cependant de glisser ceux-ci sous votre oreiller.) Il sert également en cuisine et vous pouvez en mettre dans vos plats si vous faites de la sorcellerie de cuisine. Une soupe magique au poulet pour lutter contre un rhume ? Et comment ! N'oubliez pas de vous concentrer sur son potentiel de guérison lorsque vous vous en servez.

ANETH : *feuilles, fleurs et graines.* Amour, protection, prospérité. Des cornichons magiques de prospérité ? Eh bien, pourquoi pas ? L'aneth est une grande plante utilisée à la fois pour ses fines feuilles vertes d'apparence délicate et ensuite, plus tard dans la saison, pour ses ombelles fleuries remplies de graines avec lesquelles on parfume les cornichons et autres aliments. L'aneth est facile à cultiver et on peut l'utiliser frais ou séché. Pour plus de prospérité, j'en mets du frais dans mes salades au début de l'été, puis le reste de l'année, je l'emploie séché dans divers mélanges magiques.

ARMOISE : *feuilles.* Pouvoirs psychiques, protection, divination, rêves, projection astrale. L'utilisation la plus courante de l'armoise est dans des sachets pour les rêves, qui, lorsqu'on les glisse sous son oreiller, favorisent les rêves prophétiques. On s'en sert également dans des encens et on en boit sous forme de tisane afin de stimuler nos pouvoirs de divination. Même si l'armoise n'est pas aussi dangereuse que les herbes hallucinogènes employées par les sorcières d'autrefois, certaines personnes trouvent son effet trop puissant, et vous devriez l'utiliser avec précaution si vous n'avez pas d'expérience avec elle.

BASILIC : *feuilles.* Employé pour l'amour, la protection, la prospérité et (en théorie) l'exorcisme. (Je n'ai aucune expérience dans ce dernier domaine, mais vous pourriez tout à fait vous en servir pour essayer de bannir les émotions négatives.) Facilement utilisé en cuisine, comme dans ma recette de pesto de la prospérité (voir p. 236), que je réalise avec des noix au lieu de pignons de pin. Les feuilles séchées de basilic fonctionnent également très bien dans des sachets ou des mélanges magiques.

CALENDULA : *fleurs*. Également connu sous le nom de souci. Souvent utilisé par les herboristes pour ses propriétés curatives, mais également cultivé par de nombreuses personnes en tant que plante d'ornement. En magie, on peut s'en servir pour la guérison, l'amour et pour stimuler les facultés psychiques. J'aime employer les fleurs séchées de cette plante dans des sachets de guérison, même si j'en cultive aussi dans mon jardin uniquement pour son côté esthétique.

CAMOMILLE : *fleurs*. Paix, sommeil, amour, prospérité, protection. C'est une de mes herbes préférées à utiliser dans des sachets pour le sommeil ou l'apaisement. C'est en outre une tisane curative traditionnelle qui peut être utilisée pour l'un ou l'autre de ces usages, alors vous pouvez bénir et consacrer de la camomille pendant la nuit de la pleine lune, puis la boire en tisane lorsque vous en avez besoin.

CANNELLE : *écorce*. Prospérité, réussite, passion, amour, désir, guérison, protection, pouvoir, faculté psychique, spiritualité. Qui aurait cru que la simple cannelle présente dans votre placard posséderait tant d'usages magiques ? La cannelle est tout particulièrement indiquée pour les mélanges d'amour et de prospérité, et vous pouvez facilement en mettre dans votre nourriture. Bien qu'il s'agisse en réalité de l'écorce intérieure d'un arbre à feuilles persistantes, la cannelle se trouve généralement sous forme de poudre, mais j'aime me servir de bâtons de cannelle (de longs morceaux d'écorce qui n'ont pas été réduits en poudre) dans des sacs d'enchantements, dans des mélanges magiques et même en tant que baguettes miniatures pour remuer le *wassail* à Yule.

CATAIRE : *feuilles, fleurs.* Amour, bonheur, beauté, sommeil, calme, lien avec les chats. Bien que plus souvent associée aux félins qu'aux humains, la cataire (qui fait partie de la famille prolifique des menthes) possède également des qualités curatives pour les personnes. En magie, vous pouvez en mettre dans des sachets pour le sommeil, l'apaisement et l'amour, mais si vous avez des chats, soyez prêt à partager votre cataire avec eux ! Elle est également utile dans la magie des chats, particulièrement dans les sortilèges pour trouver un familier.

CITRON : *jus, zeste.* Purification, nettoyage, amour, énergie. Tous les agrumes (et plus spécifiquement le citron, l'orange et le pamplemousse) sont dotés de propriétés magiques similaires, mais le citron est particulièrement bon pour toute tâche de purification ou de nettoyage. Versez-en quelques gouttes dans l'eau pour nettoyer le sol afin de donner un coup de fouet à votre nettoyage, surtout si vous faites le grand ménage de printemps. L'écorce séchée peut être glissée dans des sachets et sacs d'enchantements pour l'amour ou la purification, et l'huile essentielle est parfaite pour des sprays d'intérieur visant à purifier votre espace et à stimuler votre énergie.

EUCALYPTUS : *feuilles.* Guérison et protection. L'eucalyptus est une herbe curative puissante, que vous en utilisiez les feuilles séchées ou l'huile essentielle. Elle possède une forte odeur et peut être assez puissante, donc mieux vaut l'utiliser en petites quantités. On peut verser de l'huile essentielle d'eucalyptus dans des mélanges curatifs ou bien glisser des feuilles dans des sachets ou des poupées à des fins de guérison.

GÉRANIUM : *fleurs, feuilles.* Amour, guérison, protection. Le géranium est une jolie plante facile à cultiver qui existe en différents coloris, rouge et rose étant les plus courants. Les plantes elles-mêmes peuvent agir comme une protection pour la maison, et les fleurs peuvent être cueillies et glissées dans des sachets ou d'autres préparations magiques. Le géranium rosat possède en particulier des feuilles au parfum plaisant et son huile essentielle se révèle très agréable. *(N.B. : l'huile essentielle de géranium et celle de géranium rosat ont des odeurs différentes ; ces plantes sont toutes deux utiles en amour et en protection, mais le géranium rosat est aussi connu pour ses propriétés calmantes et curatives.)*

GINGEMBRE : *racine.* Puissance, énergie, prospérité, réussite, amour (surtout l'amour passionnel). Le gingembre est une herbe de feu qui prête sa chaleur et sa puissance à n'importe quel sort dans lequel vous l'employez. On peut l'utiliser en poudre dans des mélanges magiques, ou bien se servir directement de la racine, que l'on coupera en tranches pour le mettre dans de la nourriture ou des sacs d'enchantements.

La majorité des herbes que j'ai mentionnées sont sans danger pour les chats et les chiens, mais faites toujours attention lorsque vous utilisez des plantes à proximité d'animaux. N'oubliez pas qu'ils sont souvent attirés par leurs odeurs et qu'ils peuvent mâchonner des plantes vivantes ou bien ronger un sac plastique pour atteindre les herbes séchées qu'il contient.

LAVANDE : *fleurs.* Amour, sommeil, bonheur, purification, guérison, paix. La lavande est une belle fleur au parfum entêtant et aux nombreux usages magiques. Si vous avez un jardin, vous pouvez couper des fleurs fraîches et les déposer sur votre autel. La plupart d'entre nous doivent cependant se contenter de la version séchée. Mon groupe se livre souvent à la pratique traditionnelle qui consiste à jeter de la lavande dans le feu de joie à Midsummer, en sacrifice à la Déesse. J'emploie également l'herbe dans des sachets de guérison et de paix, et j'en glisse un sous mon oreiller pour m'aider à dormir. La lavande fait un excellent encens, et l'huile essentielle est facile à utiliser dans des bains ou sprays magiques.

MÉLISSE OFFICINALE : *feuilles*. Guérison, bonheur, calme et amour. La mélisse officinale fait partie de la famille des menthes et poussera abondamment dans votre jardin. Elle est connue pour sa faculté à attirer les abeilles et est sacrée pour Artémis et Diane. La mélisse officinale peut être consommée en tisane pour améliorer l'humeur ou apaiser les esprits troublés, et les feuilles ainsi que l'huile essentielle sont particulièrement utiles dans les mélanges pour sortilèges afin de gérer les problèmes de sommeil, d'anxiété ou de dépression.

MENTHE POIVRÉE : *feuilles*. Guérison, purification, amour, prospérité, abondance, pouvoirs psychiques. Traditionnellement, la menthe poivrée était utilisée dans le travail de guérison, soit sous forme de tisane, soit en frottant ses feuilles sur la zone affectée. En phytothérapie, on s'en sert à la fois pour les estomacs dérangés et les maux de tête, donc c'est logique. On peut répandre les feuilles ou bien quelques gouttes d'huile essentielle de menthe poivrée dans des zones vulnérables afin de tenir les nuisibles à distance, ou bien en mettre dans l'eau de nettoyage lorsque vous faites du ménage ou que vous passez la serpillère. J'aime l'utiliser dans du travail de prospérité. Puisqu'elle appartient à la famille des menthes, la menthe poivrée se propage et pousse à foison, ce qui fait d'elle le symbole parfait de l'abondance.

PERSIL : *feuilles*. Protection et purification. Le persil n'est pas considéré comme l'une des herbes magiques les plus puissantes, mais je l'aime bien, car il est tellement facile d'en mettre dans des plats lorsqu'on fait de la sorcellerie de cuisine. Si vous êtes déjà en train de réaliser un plat avec une intention magique de protection ou de purification, pourquoi ne pas y mettre un peu de persil pour lui donner un coup de fouet magique ?

POMME : *fleurs, fruits et bois.* Principalement utilisé pour la magie de l'amour et de la guérison, bien que le bois du pommier puisse aussi servir à créer une jolie baguette et que le cidre représente une « bière » idéale pour les « gâteaux et bières » de la fin d'un rituel, surtout si celui-ci se déroule en automne. Les pommes sont particulièrement magiques parce que si vous en coupez une à l'horizontale, vous verrez la forme d'un pentacle à l'intérieur. Pour faire de la magie simple de l'amour, concoctez une tarte aux pommes et ajoutez-y de la cannelle, épice associée à la passion.

ROMARIN : *feuilles.* Guérison, protection, amour, le conscient et la mémoire, purification. Le romarin est une herbe magique efficace et multi-usage. Il est associé à la protection, et autrefois, on plantait des buissons de romarin près de sa demeure afin de la protéger des voleurs et de préserver la santé des habitants du foyer. (À la place, vous pouvez utiliser des petites plantes en pot ou une couronne de romarin.) Il stimule toutes les capacités mentales, donc vous pouvez brûler de l'encens de romarin si vous devez réviser pour un examen. Comme le dit Ophélia dans *Hamlet*, le romarin, « c'est pour le souvenir[1] » : cela se réfère non seulement à la faculté de stimulation de la mémoire de cette plante mais aussi à son utilisation dans des rituels pour honorer les morts. C'est mon herbe protectrice préférée, je l'utilise donc dans tous mes sacs d'enchantements et kits magiques de protection.

1. Shakespeare (William), *Œuvres complètes de Shakespeare*, trad. François Guizot, Paris, 1862-1864, Hamlet, Acte IV, Scène 5.

**Mettre de l'huile essentielle de romarin dans le diffuseur lorsque j'ai besoin de me concentrer.*

ROSE : *pétales et cynorhodon (le cynorhodon étant le fruit de la plante).* Amour, guérison, protection, divination. Les roses sont utiles dans le travail de guérison, mais leur association la plus courante (que ce soit en magie ou ailleurs) est à l'amour. Si vous réalisez un sachet pour l'amour ou un mélange pour n'importe quelle sorte de magie de l'amour, mettez-y des pétales de rose. Vous pouvez avoir recours à des roses fraîches ou bien aux pétales séchés. Si vous faites du travail de guérison, vous pourriez avoir envie d'utiliser du cynorhodon, riche en vitamine C et avec lequel on peut réaliser une tisane curative. Si quelqu'un que vous aimez (d'un amour romantique ou non) vous offre des roses, suspendez-les la tête en bas pour les laisser sécher et gardez les pétales pour vous en servir en magie. On peut également utiliser différentes couleurs de roses pour diverses sortes de magie, telles que le rouge pour la passion et le rose pour l'amitié.

SAUGE : *feuilles.* Protection, purification, sagesse, longue vie. Probablement connue principalement pour son rôle dans les bâtons de fumigation, qui servent à purifier aussi bien les personnes que les espaces. Les bâtons de fumigation sont généralement réalisés à partir de sauge blanche, qui pousse dans des conditions arides et dont l'arôme et le parfum sont plus forts que ceux de la sauge culinaire que la plupart d'entre nous possèdent dans leur cuisine. La sauge culinaire peut être utilisée aussi bien dans des plats qu'en magie. On peut facilement la cultiver dans son jardin ou sur un rebord de fenêtre, donc vous pouvez en cueillir une feuille ou deux et les incorporer à vos plats. La sauge séchée peut être employée dans des mélanges ou sacs d'enchantements pour la protection. Si vous en consommez souvent, cette herbe est censée vous donner une longue vie et vous accorder la sagesse (logique, puisque « sauge » ressemble à « sage » !).

THYM : *feuilles.* Purification, guérison, facultés psychiques, amour, sommeil. Le thym est lui aussi une herbe facile à cultiver dans le jardin (ou même dans des endroits où vous marchez, puisqu'il constitue une couverture végétale à l'odeur agréable), ou sur le rebord de votre fenêtre de cuisine. Le thym frais ou séché peut avoir divers usages magiques. On peut le brûler pour purifier un espace avant d'effectuer des tâches magiques ou bien l'ajouter dans des bains, tisanes ou mélanges magiques curatifs. On dit que si on en glisse sous son oreiller, il empêchera les cauchemars. Il paraît aussi que lorsqu'une femme met du thym dans sa chevelure, elle devient irrésistible, mais je me demande si ce n'est pas plutôt que les gens la dévisagent car elle a une plante dans les cheveux.

Il existe bien d'autres herbes que celles que j'ai mentionnées ici, parmi lesquelles certaines sont couramment utilisées en sorcellerie. Il y en a plusieurs dont je ne me sers pas, car je n'aime pas leur odeur, ou simplement parce qu'il existe d'autres herbes que je trouve plus facilement et qui fonctionnent tout aussi bien pour moi. Et honnêtement, je n'ai ni la place ni l'argent nécessaires pour avoir en stock toutes les herbes de la planète, alors j'ai tendance à choisir celles que je peux employer à des fins thérapeutiques et culinaires ainsi que dans divers buts magiques. Mais c'est votre livre des ombres, donc soyez libres d'ajouter des remarques sur d'autres herbes que vous souhaitez ajouter à votre propre liste ou de prendre des notes concernant celles qui semblent fonctionner le mieux pour vous.

L'achillée millefeuille : mise en garde

L'achillée millefeuille est une herbe magique couramment employée et elle peut également être utile en application thérapeutique. Toutefois, je ne m'en sers jamais, car j'y suis fortement allergique. J'ai découvert ça par accident, bien des années avant de devenir sorcière, alors que j'assistais à un mariage dans un pré rempli de ces fleurs et qu'une personne me recommandait de réaliser une tisane à base de cette plante pour soulager un mal qui me tourmentait. J'ai donc fait le tour du pré pour cueillir les jolies fleurs blanches aux longues tiges, et au bout d'un moment, je me suis rendu compte que mes mains me démangeaient. Lorsque j'ai baissé les yeux, je me suis aperçue que j'avais d'énormes cloques (de la taille d'une grosse pièce de monnaie) sur mes paumes, là où je tenais les achillées. Cela va sans dire que j'étais contente d'avoir découvert ça avant d'avoir eu le temps de réaliser une tisane et de la boire ! La leçon est la suivante : ce n'est pas parce que tel ou tel ingrédient est une herbe qu'il est forcément sans danger. Même les herbes généralement considérées comme inoffensives peuvent être néfastes si vous y êtes sensible. Soyez prudent lorsque vous utilisez une herbe nouvelle pour vous, surtout si vous prévoyez de la consommer.

Comment utiliser les herbes

La réponse courte est bien entendu « comme vous le souhaitez ». Elles sont vraiment incroyablement adaptables. La plupart des herbes peuvent non seulement être utilisées fraîches ou séchées, mais aussi sous forme d'huile essentielle ou d'encens, et elles peuvent se faire une place chez vous ou dans votre jardin en tant que plantes vivantes. Chaque forme possède ses propres avantages ; certaines herbes fonctionnent mieux séchées, tandis que d'autres peuvent être meilleures lorsqu'on vient de les cueillir. La forme que vous employez peut aussi dépendre de l'application que vous désirez. Par exemple, pour un bain, vous voudrez des pétales de rose frais, mais pour un spray de douche, vous leur préférerez de l'huile essentielle.

Dans les sortilèges en général, j'utilise souvent l'herbe fraîche de la plante concernée si j'en ai, et sinon, je me contente de la version séchée. J'aime l'énergie puissante qui vient de la plante vivante (ce qui est une raison de plus d'en avoir quelques-unes sur votre rebord de fenêtre ou dans votre jardin), mais il y a une limite au nombre de plantes que je peux cultiver moi-même. En outre, je vis dans une région où la saison de pousse est assez limitée.

Bien évidemment, il y a quelques exceptions. Par exemple, la cannelle fraîche n'existe pas, en tout cas pas là où j'habite. Et si j'ai recours à de la sauge dans un sortilège, je peux la prendre sous n'importe quelle forme, mais si je veux utiliser un bâton de sauge pour purifier, cela exige de la sauge blanche préalablement séchée et mise en fagot, plutôt que la sauge culinaire que je cultive dans mon jardin. (Bien qu'il me soit arrivé de faire sécher cette dernière à la fin de la saison et de la jeter dans un feu de joie.)

Il n'y a pas de mauvaise façon de faire. Si vous n'avez pas la main verte ou l'envie de faire pousser vos propres herbes, il est parfaitement acceptable d'acheter des herbes séchées chez un fournisseur magique ou au magasin bio le plus proche. Bien entendu, vous pouvez recourir aux herbes séchées qui se trouvent dans le rayon « épices » de votre supermarché, mais elles sont vendues dans de minuscules flacons et ont tendance à être plus chères que si vous les achetiez en plus grosses quantités. En outre, certaines d'entre elles sont irradiées pour qu'elles se conservent mieux, et ce n'est pas là le genre d'énergie que nous recherchons.

Certaines sorcières rangent leurs herbes magiques avec le reste de leurs fournitures magiques, tandis que d'autres se contentent de prendre ce dont elles ont besoin dans leur cuisine. Je fais un peu des deux, mais une fois que j'ai béni et consacré un mélange de plantes pour l'utiliser en magie, je le mets dans un récipient spécial et je le range à part. Si vous avez l'espace et la volonté, cela peut être amusant d'avoir un placard ou une étagère contenant de jolis bocaux remplis d'ingrédients pour des potions, des pommades, des mélanges pour sortilèges, des tisanes et ainsi de suite.

POTIONS : « potion » n'est qu'un terme recherché pour désigner une infusion ou une décoction, qui sont eux-mêmes des mots recherchés voulant dire « contentez-vous d'ajouter de l'eau chaude ». Le plus souvent, on concocte ses potions à l'avance, on filtre les herbes puis on laisse refroidir le liquide avant de l'utiliser. Vous pourriez par exemple réaliser une potion ou infusion de protection avec diverses herbes tout indiquées pour ce but, puis utiliser quelques gouttes du liquide obtenu lors de tâches magiques : en les versant dans un bain, dans de l'eau de nettoyage, en vous oignant avec elles quand vous lancez un sortilège, etc. Les potions sont généralement bénies ou imprégnées de magie d'une autre façon pendant leur réalisation, ou bien elles sont consacrées sur l'autel après leur création.

Onguent pour voler

De nos jours, nous savons que de nombreuses herbes fascinantes traditionnellement associées à la sorcellerie et à la phytothérapie sont trop dangereuses pour être utilisées. Ce n'est pas qu'elles manquent de puissance, mais au contraire qu'elles en ont trop pour qu'on s'amuse avec, et qu'il existe beaucoup d'autres alternatives plus sécurisées. On dit de certaines de ces herbes qu'elles étaient les ingrédients de « l'onguent pour voler », une pommade utilisée pour favoriser la projection astrale, théoriquement pour que les sorcières puissent se rassembler sans avoir à quitter la sécurité de leur foyer.

Au lieu de recourir à la belladone, au datura, à la ciguë, à la digitale ou à l'aconit, les sorcières d'aujourd'hui qui désirent faire l'expérience d'états modifiés de conscience ou de projection astrale peuvent employer de la lavande pour se détendre ou du romarin pour stimuler le conscient. En les utilisant en tandem avec des battements de tambour, des enregistrements du bruit des vagues, des techniques de méditation ou de transe, il est toujours possible de réaliser un voyage magique sans les risques associés à ces herbes dangereuses.

TISANES : les tisanes, elles, sont généralement conçues pour être bues immédiatement. La différence entre une tisane magique et le bon petit *English Breakfast* que vous avez siroté ce matin, c'est l'intention. Lorsque vous faites infuser vos herbes, vous vous concentrez sur votre intention magique (par exemple, la guérison) et vous recourez à des herbes qui sont liées à ce domaine. Inutile de préciser que les tisanes devraient uniquement être réalisées avec des herbes pouvant être consommées sans danger, et que vous souhaiterez probablement vous cantonner à celles qui ont bon goût !

Tisane curative

Dans une boule à thé ou un sachet en mousseline, mettez une demi-cuillère à café de feuilles (fraîches ou séchées) de menthe poivrée et de camomille, ainsi qu'une pincée de gingembre séché ou une tranche de racine fraîche de gingembre. Tenez le sachet ou la boule dans vos mains quelques instants et concentrez-vous sur votre intention de guérison. Mettez les herbes dans un mug ou une théière puis recouvrez-les d'eau chaude. Laissez infuser trois à cinq minutes, selon que vous voulez un goût plus ou moins prononcé. Ensuite, tamisez le liquide et si vous vous êtes servi d'une théière, versez-le dans un mug. Levez le mug et dites « Déesse, bénis cette tisane et confère-lui le pouvoir de la guérison. » Buvez-la lentement, en ressentant le pouvoir des herbes envahir votre corps.

POMMADES, CRÈMES ET BAUMES : c'est un usage le plus souvent réservé aux herbes curatives et qui est moins répandu qu'autrefois. En gros, on fait chauffer les herbes avec une graisse (du saindoux, de l'huile d'olive, du beurre de cacao…), puis on tamise. Certaines personnes ajoutent également de la cire d'abeille. Le produit peut ensuite être béni pour être utilisé dans une tâche magique, par exemple pour guérir ou apaiser.

BAINS : les bains magiques sont une merveilleuse façon de s'immerger dans des intentions enchantées puisque l'énergie des plantes se diffuse dans l'eau dans laquelle on trempe. Les herbes peuvent être contenues dans un sachet en tissu ou bien vous pouvez utiliser quelques gouttes d'une potion réalisée à l'avance. Les huiles essentielles fonctionnent également bien dans le bain, même si vous devez faire attention à ne pas en mettre trop puisqu'elles peuvent être très puissantes. Dans certains cas, vous pouvez répandre directement les herbes dans l'eau, par exemple pour les pétales de rose, qui sont assez grands pour être ramassés facilement ensuite. L'ajout de sel dans votre bain magique lui donnera également un coup de fouet, puisque cet ingrédient représente à la fois les éléments de la Terre et de l'Eau.

Bain de beauté

Pour rehausser votre beauté intérieure et extérieure, placez des fleurs de lavande ainsi que des pétales de rose dans un petit sac en mousseline ou saupoudrez-en dans l'eau du bain. Sinon, il est possible de verser dans l'eau 3 gouttes d'huile essentielle de lavande et 3 gouttes d'huile essentielle de rose, puis de les mélanger en faisant un mouvement déosil (sens des aiguilles d'une montre) dans l'eau avec sa main. Demeurez dans l'eau tant que vous y êtes à l'aise, et visualisez-vous en train de rayonner de beauté de l'intérieur vers l'extérieur.

SPRAYS DE DOUCHE : tout le monde n'a pas forcément une baignoire ou le temps de prendre un bain à chaque fois qu'il a besoin d'un coup de fouet magique. Les sprays magiques sont faciles à réaliser et peuvent aussi être utilisés en tant que sprays d'intérieur. Vous pouvez soit recourir à quelques gouttes de n'importe quelle potion que vous avez réalisée, soit employer des huiles essentielles. J'aime concocter des sprays d'intérieur pour la guérison, la purification ou la protection, et le spray de douche que j'utilise le matin contient un mélange d'herbes pour la prospérité, l'énergie et la guérison afin de commencer ma journée du bon pied (et si vous voulez tout savoir, c'est un mélange d'huiles essentielles de romarin, de menthe poivrée, de géranium et de pamplemousse diluées avec de l'eau).

ENCENS : certaines sorcières réalisent leur propre encens avec des herbes en poudre généralement mélangées à un ingrédient liant, puis elles les brûlent sur un disque de charbon. Sachez que ces derniers ont tendance à dégager une forte odeur de fumée, et qu'il ne faut pas s'en servir en intérieur à moins de bénéficier d'une excellente ventilation. Les fois où j'utilise de l'encens, j'ai tendance à m'en tenir à des produits tout faits et contenant des huiles essentielles. (Les huiles de parfum, qui entrent dans la composition de nombreux encens, sont artificielles et ne possèdent pas l'énergie des plantes dont elles sont censées avoir la senteur.) Autrement, si je réalise un rituel auprès d'un feu de joie en extérieur, je jette souvent des herbes dans le feu ; l'odeur qui s'en dégage peut être absolument divine.

SACHETS, SACS D'ENCHANTEMENTS ET POUPÉES : ce sont là des formes de magie qui ont recours à un tissu pour enfermer divers ingrédients magiques, parmi lesquels se trouvent souvent des herbes. Vous trouverez davantage de détails à leur propos plus loin dans ce livre.

Faire sécher des herbes

Il existe différentes manières de sécher des herbes pour les utiliser ultérieurement. La méthode la plus simple, utilisée par nos ancêtres, consistait à les suspendre en bouquets, tête en bas, dans un lieu sec. C'est ainsi que cela a toujours été fait. Vous pouvez aussi les faire sécher lentement dans votre four, ou plus rapidement (environ deux minutes) au micro-ondes. Bien que cela puisse paraître très moderne et très peu sorcier, cela préserve en réalité une grande partie de la couleur et de la vitalité de la plante.

PIERRES

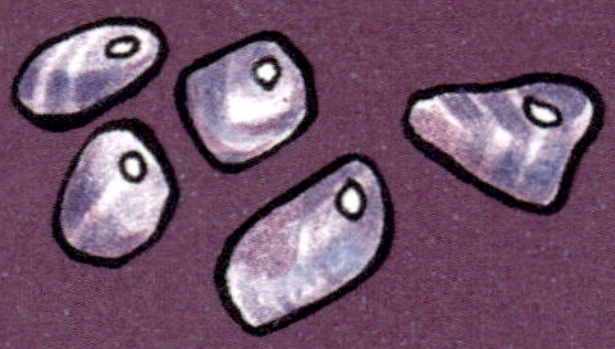

Presque aussi utiles pour les sorcières que les herbes (et beaucoup plus brillantes), les pierres précieuses et les cristaux peuvent représenter une partie essentielle de la trousse à outils magiques. On peut les utiliser pour la guérison, la protection et dans bien d'autres domaines. En plus, nombre d'entre elles sont très jolies, et tout le monde pourrait profiter d'un peu plus de beauté dans la vie !

Il est vrai que je possède probablement davantage de pierres que la sorcière moyenne. Peut-être est-ce parce que je suis Taureau, un signe de Terre. Peut-être que j'ai besoin de l'ancrage supplémentaire qu'on obtient lorsqu'on est entouré de pierres. (Ça, c'est presque sûr.) Peut-être est-ce parce que je réalise aussi des bijoux en pierres précieuses, et que j'ai donc clairement une affinité pour les jolies pierres. Quoi qu'il en soit, je possède beaucoup de pierres.

Mais cela ne veut pas dire que vous devez aller acheter toutes les variétés de pierres du monde. Il existe quelques pierres et cristaux essentiels qui suffisent à couvrir presque tous les besoins magiques, et ils ne sont pas tous onéreux. Et vous n'avez pas non plus besoin de faire l'acquisition d'une géode d'améthyste de 5 kilogrammes (mais je ne vous jugerai pas le moins du monde si vous en achetez une !). La plupart du temps, les petites pierres polies ou les cristaux de taille raisonnable font l'affaire. Si vous n'avez pas les moyens d'acheter les pierres les plus onéreuses, il existe parfois une alternative plus abordable dotée des mêmes propriétés magiques.

Néanmoins, toutes les pierres ne se valent pas. Si vous le pouvez, l'idéal est de prendre chaque pierre dans votre main, de ressentir son énergie et de voir si elle vous parle ou non. Je suis consciente que tout le monde n'habite pas à proximité d'une boutique de cristaux, d'une foire aux pierres précieuses ou d'un autre lieu qui vous donne l'occasion de « rencontrer » les pierres en personne, mais si vous le pouvez, c'est vraiment la meilleure façon de trouver les pierres les plus adaptées à vos tâches magiques.

Si vous n'avez pas d'autre choix, vous pouvez consulter des sites Internet et voir si certaines pierres vous sautent aux yeux. Mais si vous pouvez aller les voir en personne, c'est encore mieux. Si vous pouvez les prendre dans votre main, jauger leur énergie et voir si elles vous correspondent ou non, cela améliore vos chances de choisir la pierre qui correspond à vos propres « vibrations », faute de mot plus adapté. Je ne peux pas vous dire le nombre de fois où je me suis tenue devant un étalage de pierres précieuses à une foire d'arts spirituels ou dans une boutique, à regarder différentes belles pierres, et où je me suis aperçue que j'en avais inconsciemment pris une dans ma main et que je ne voulais plus la lâcher. Ces pierres-là, je les emporte chez moi.

Il peut y avoir des variations extrêmes entre différentes pierres d'une même sorte, à la fois visuellement et énergétiquement. Si vous cherchez un quartz rose pour vous apaiser, par exemple, vous devrez peut-être en manipuler dix ou vingt avant de trouver celui qui vous convient – ou peut-être tomberez-vous sur le bon du premier coup.

Si tout cela vous semble trop compliqué, ne vous inquiétez pas. Nul besoin d'en faire tout un plat. Certaines personnes se contentent d'acheter ou de se faire offrir des pierres de la variété qu'elles désirent, et tout fonctionne à merveille. Mais si vous avez l'occasion de faire des expérimentations, peut-être trouverez-vous les résultats intrigants.

Les pierres et cristaux peuvent apporter beaucoup de pouvoir aux tâches magiques, en vous aidant à concentrer votre énergie et votre intention sur votre objectif. Comme les herbes, les pierres ont tendance à posséder certaines associations magiques, mais n'oubliez pas qu'il ne s'agit que de recommandations générales et pas de règles strictes.

Si votre intuition vous dit d'utiliser du quartz rose pour vous ancrer, même si ce n'est pas là l'une des propriétés connues de cette pierre, suivez votre intuition. Comme pour la partie sur les herbes, n'hésitez pas à vous servir des pages blanches lignées de ce livre afin d'ajouter des pierres que vous utilisez, mais que je n'ai pas mentionnées ici, ou des remarques concernant les expériences que vous avez pu avoir avec vos pierres.

Quelques-unes de mes pierres préférées et leurs usages magiques

AGATE (DIVERS COLORIS) : *amour, guérison, protection, courage et bien plus encore.* L'agate est l'une des pierres les plus courantes que l'on trouve. Elle est bon marché et existe dans de nombreux coloris ; vous pourriez avoir envie d'en utiliser diverses sortes pour différents besoins magiques. Comme pour la plupart des pierres, c'est la couleur qui tend à déterminer le domaine d'action de l'agate. Les plus connues sont l'agate noire, utilisée pour la protection, l'agate bleue, pour la paix et le calme, et les agates mousse ou arbre pour les jardiniers et la prospérité.

AMBRE (JAUNE PÂLE À ORANGE FONCÉ) : *guérison, protection, force, chance, amour, magie.* L'ambre n'est en fait pas du tout une pierre précieuse, mais la résine fossilisée des ancêtres de nos pins. Malgré cela, c'est une des « pierres » les plus précieuses dans les collections des sorcières. Dans certaines cultures, on mettait de l'ambre autour du cou des enfants ou dans leur chambre pour les protéger. On dit qu'il apporte du pouvoir à toutes les tâches magiques. Peut-être sa puissance est-elle due à sa vieillesse. Il est de plus en plus difficile, et par conséquent de plus en plus cher, de trouver de l'ambre, mais cela vaut tout de même le coup d'en avoir un dans sa collection. Vous avez plus de chances de trouver de l'ambre en petits morceaux ou en perles ; envisagez donc de porter des bijoux contenant de l'ambre.

AMÉTHYSTE (LAVANDE PÂLE À VIOLET PROFOND) : *amour, guérison, facultés psychiques, esprit, calme, bonheur, protection, rêves.* L'améthyste est une forme de quartz et c'est l'une de ces pierres qui est bonne pour presque tout.

Même si elle peut être plus chère que d'autres pierres, c'est bien d'avoir au moins une petite pierre polie ou un cristal dans sa trousse à outils magiques. L'améthyste est l'une des pierres les plus spirituelles. Elle sert à se concentrer ou à intensifier les facultés psychiques, à communier avec le divin et son soi supérieur, à calmer les cauchemars et à induire des rêves prophétiques. Elle est associée au calme, à la guérison, au courage, à l'amour ainsi qu'à la protection. Certains lecteurs de tarot (moi comprise) rangent un petit cristal d'améthyste dans leur jeu de cartes afin de purifier l'énergie et de stimuler le pouvoir de la personne qui lit les cartes.

AVENTURINE (VERT) : *prospérité, guérison, créativité, chance.* L'aventurine est un joli type de quartz qui peut aller d'un vert pâle à foncé. On dirait du jade, mais l'aventurine est beaucoup moins chère. (Elle existe aussi sous d'autres coloris, par exemple pêche, mais en général, lorsqu'on parle de cette pierre, on pense à la version verte.) J'utilise principalement de l'aventurine dans mes tâches magiques liées à l'argent ou à la chance, mais elle est également utile pour la guérison et tout ce qui a trait à la vivacité mentale.

CITRINE (JAUNE PÂLE À ORANGE) : *prospérité, succès, positivité, protection.* La citrine est une forme de quartz censée chasser les cauchemars et remonter le moral. Elle est associée au soleil, peut-être en raison de sa couleur ensoleillée, et son nom vient du mot « citron » en raison de sa ressemblance à ce fruit.

CORNALINE (ORANGE À ROUGE) : *courage, force, protection, guérison, paix, énergie, sexualité.* Une forme de calcédoine très utilisée en Égypte et dans la Rome antique. Cette pierre peut posséder différentes couleurs, mais ma préférée est la rouge vif, que je trouve très belle. La cornaline est utilisée par les personnes qui doivent s'exprimer en public et qui ont besoin d'un peu de courage et de confiance en elles-mêmes. Elle est parfaite pour les tâches de protection magique, ainsi que pour contrer la négativité et le doute de soi.

CRISTAL DE QUARTZ (TRANSPARENT) : *puissance, facultés psychiques, guérison, protection, magie.* Cette pierre est associée à la Déesse et à la pleine lune, surtout quand elle est sous forme de cristal. Dans les bijoux magiques, elle est souvent associée à l'argent pour les honorer toutes les deux. Le cristal de quartz sert à stimuler les pouvoirs magiques et psychiques, et de nombreuses sorcières en ont un sur leur autel. Les personnes qui se livrent à du travail de guérison énergétique ont souvent recours à des cristaux, et en particulier à des cristaux de quartz, afin d'aider à supprimer les blocages et la négativité. Si vous ne pouvez acheter qu'une seule pierre, c'est celle-là qu'il faut choisir.

ŒIL-DE-TIGRE (MARRON, AVEC DES STRIES PLUS CLAIRES) : *courage, protection, prospérité, confiance, chance, énergie.* L'œil-de-tigre est associé au Soleil et il communique l'énergie et le courage de cet astre. On peut porter cette pierre sur soi pour se protéger ou l'utiliser dans des tâches magiques pour la protection, la prospérité ou le courage. Si vous devez affronter une situation effrayante ou intimidante, l'œil-de-tigre vous donnera le courage nécessaire pour y faire face. Cette pierre est également indiquée pour l'abondance et la bonne fortune de manière générale.

FLUORITE (DIVERS COLORIS, GÉNÉRALEMENT VIOLET, PARFOIS AVEC DES NUANCES BLEUES, VERTES ET TRANSPARENTES ; ELLE EXISTE ÉGALEMENT EN VERSION ARC-EN-CIEL QUI COMBINE TOUTES CES COULEURS) : *guérison, paix, lucidité, tri émotionnel.* La fluorite n'est pas une pierre traditionnellement utilisée en magie, mais elle devient de plus en plus populaire au fur et à mesure que les sorcières modernes la découvrent. Principalement associée aux problèmes mentaux et émotionnels, la fluorite peut servir à améliorer l'humeur et à réduire le stress, à favoriser la lucidité et à repousser la négativité. Je la trouve très utile en tant que pierre de guérison, puisque les problèmes physiques ont presque tous aussi des dimensions mentales et émotionnelles.

GRENAT (ROUGE PROFOND) : *protection, guérison, énergie, force.* Traditionnellement, le grenat est utilisé pour protéger (essentiellement des voleurs) ainsi que pour stimuler l'énergie et l'endurance. On s'en sert aussi pour intensifier son pouvoir pendant les tâches magiques. En guérison, il est souvent associé au sang en raison de sa couleur rouge, et il est employé pour des problèmes cardiaques ou circulatoires. Je m'en sers aussi bien pour du travail de guérison ou de protection que pour de la magie liée à la passion ou à la joie.

HÉMATITE (NOIR ARGENTÉ) : *ancrage, guérison, vider l'esprit.* Cette pierre étonnamment lourde et brillante est une de mes préférées pour les tâches d'ancrage et de concentration. L'intérieur de la pierre est souvent rouge ; par conséquent, dans le travail de guérison, il peut être associé au cœur ou au sang.

JADE (VERT À VERT OLIVE) : *guérison, sagesse, amour, protection, prospérité, longévité.* Sacré aux yeux des Chinois, le jade est une pierre puissante adaptée à presque tous les besoins magiques. Comme les autres pierres vertes, il sert à attirer l'argent et la prospérité ainsi qu'à donner un coup de fouet au jardin. Dans le travail de guérison, on le porte pour prévenir les maladies et traiter les problèmes existants. Le jade est également employé en magie de l'amour et dans les tâches de protection. En raison de son coût élevé, certaines personnes préfèrent acquérir un petit jade taillé qu'elles portent en tant que talisman plutôt qu'un morceau plus gros à mettre sur leur autel.

JAIS (NOIR) : *protection, guérison, divination.* Comme l'ambre, le jais n'est pas réellement une pierre, mais en réalité du bois fossilisé vieux de plusieurs millions d'années. L'ambre et le jais sont tous deux considérés comme des pierres de sorcières, bien qu'ils ne soient paradoxalement pas des pierres. On dit du jais qu'il protège de la négativité, des attaques psychiques, de la peur et des cauchemars. Le jais absorbe la négativité, et c'est probablement en partie pour cela qu'on s'en sert dans le travail de guérison.

JASPE (DIVERS COLORIS) : *protection, guérison et bien d'autres usages en fonction de la couleur et du type de jaspe.* Pierre peu coûteuse, le jaspe est une forme de calcédoine qui représente un bon substitut aux pierres plus onéreuses. Mon préféré est le jaspe rouge, une pierre rouge brique très protectrice et aussi employée pour la guérison. Le jaspe vert est utilisé principalement pour guérir et le jaspe marron, pour ancrer. Je glisse généralement un petit jaspe rouge poli dans mes sacs d'enchantements pour la protection.

LAPIS-LAZULI (BLEU, PARFOIS AVEC DES MOUCHETURES DE PYRITE DORÉE) : *guérison, protection, spiritualité, facultés psychiques, amour, joie.* Parfois simplement appelée « lapis », cette pierre a pendant longtemps été associée à la royauté. Bien que sa couleur puisse varier, les pierres de meilleure qualité sont d'un bleu roi vif. Le lapis-lazuli est une puissante pierre de guérison à tous les niveaux : physique, mental et spirituel. Il est également associé à la spiritualité de manière générale et en particulier à l'amour spirituel. Bien qu'il puisse être onéreux, cela vaut le coup d'investir dans une de ces pierres.

Substituts bon marché

Certaines des pierres précieuses que nous aimons ne sont pas toujours à portée de notre bourse. Voici quelques substituts moins coûteux pour remplacer les pierres les plus chères :

Aventurine → Jade

Citrine → Topaze

Grenat → Rubis

Fluorite (violette) → Améthyste

Diamant d'Herkimer → Diamant

Sodalite → Lapis-lazuli

MALACHITE (VERT) : *protection, prospérité, amour, paix, réussite dans les affaires, puissance.* Appréciée des Égyptiens de l'Antiquité, utilisée par les Grecs pour protéger les enfants, et vue par les personnes du Moyen Âge comme une protection contre la magie noire, la malachite a toujours été une pierre associée à la magie. Fortement protectrice, elle attire l'amour, apporte la paix et est surnommée « pierre du vendeur » pour sa faculté à apporter la réussite aux entreprises. Pour renforcer son pouvoir, j'aime l'associer au lapis, surtout dans la création de bijoux, comme le faisaient les Égyptiens.

ONYX (FAUVE, NOIR, BLANC, ROUGE, ENTRE AUTRES COLORIS) : *protection, ancrage, guérison (surtout après un deuil), concentration.* Bien qu'on voie généralement l'onyx comme étant noir, la plupart des onyx noirs que l'on trouve de nos jours sont teintés. Cela ne diminue en rien leurs facultés magiques. L'onyx noir est une de mes pierres préférées. D'ailleurs, Onyx est mon nom magique. Alors vous pouvez imaginer mon désarroi lorsque j'ai découvert que l'onyx noir était généralement traité, transformant ainsi cette calcédoine aux stries naturelles en une pierre de couleur unie. Il s'agit en fait d'une tradition qui date de la Rome antique ; l'onyx était d'ailleurs aussi prisé des Égyptiens et des Grecs. L'onyx noir est fortement protecteur et utile pour l'ancrage et l'intensification de la concentration. Si vous vous livrez à de la magie de défense, voilà la pierre qu'il vous faut. En période de stress, glissez un onyx dans votre poche ou portez un bijou composé d'onyx. Vous pouvez également trouver de petits bols fabriqués en onyx naturel ; ils sont très utiles pour les tâches magiques.

PIERRE DE LUNE (BLANC, PARFOIS BLEU, ROSE OU IRIDESCENT) : *amour, divination, la Lune, protection, sommeil.* Comme l'implique son nom, la pierre de lune est fortement associée à la fois à la Lune et à la Déesse. Taillée en perle, elle ressemble à une lune miniature et elle est souvent portée dans des bijoux ou montée sur des baguettes magiques. La pierre de lune est réputée stimuler les facultés psychiques, attirer l'amour nouveau et guérir les relations établies. À mon avis, c'est une pierre à la puissance discrète, pas aussi tapageuse qu'un lapis ou qu'une améthyste, mais dotée d'un pouvoir doux qui ne devrait pas être sous-estimé.

QUARTZ FUMÉ (GRIS CLAIR) : *ancrage, équilibre, calme, guérison mentale et émotionnelle*. Le quartz fumé est la pierre idéale pour les personnes confrontées à la dépression ou à la négativité. Il peut être apaisant et vous aider à vous ancrer lorsque le monde vous submerge (donc si vous êtes comme moi, la majorité du temps !).

QUARTZ ROSE (ROSE) : *amour, amitié, paix*. Le quartz rose est utilisé pour tout ce qui a trait au cœur, y compris l'ouverture du chakra du cœur. Il est principalement utilisé en magie de l'amour, mais je l'apprécie également pour ses propriétés apaisantes. Qui n'a pas besoin d'un petit peu d'aide pour parvenir à plus de paix et de bonheur ?

SODALITE (BLEU, GÉNÉRALEMENT AVEC DES MARBRURES BLANCHES – CETTE PIERRE RESSEMBLE À DU LAPIS-LAZULI SANS LES MOUCHETURES DORÉES, BIEN QUE LA SODALITE SOIT RAREMENT AUSSI VIVE) : *guérison, paix, détente, sagesse, intuition, confiance en soi*. La sodalite est principalement utilisée pour guérir et apaiser, ainsi que stimuler sa pratique spirituelle. Elle est fortement associée à l'esprit, que ce soit pour faire taire ses pensées ou exacerber son intuition.

TURQUOISE (BLEU, BLEU-VERT) : *amour, amitié, prospérité, guérison, protection, chance, courage*. La turquoise est une pierre puissante appréciée dans diverses cultures, depuis les Égyptiens de l'Antiquité jusqu'à de nombreuses tribus amérindiennes. Comme vous pouvez le voir dans la liste de ses propriétés, on peut l'utiliser pour presque toutes les tâches magiques imaginables. Fortement protectrice et aussi curative, la turquoise est une bonne pierre à mettre sur votre autel, si vous en avez un, ou à incorporer dans un bijou. Elle est aussi utilisée dans les tâches magiques pour attirer l'amour ou l'argent. On considère que la turquoise porte chance, ce qui se comprend, puisqu'elle est censée vous apporter amour et richesse !

Comme pour les herbes dans la partie précédente, il ne s'agit là que d'un petit échantillon des pierres utilisées pour la magie. J'ai simplement mentionné celles que je trouve les plus belles, faciles à exploiter et à me procurer. Si vous en préférez d'autres, n'hésitez pas à les ajouter ci-dessous, avec d'éventuelles remarques concernant votre travail avec ces pierres ou n'importe quelles autres.

Les pierres sous toutes leurs formes

Les pierres se présentent sous de multiples formes, même si toutes les pierres ne sont pas forcément disponibles en chacune de ces versions. Par exemple, nombre de pierres précieuses se forment naturellement en tant que cristaux, qui peuvent aussi bien être de petits morceaux (idéaux pour les suspendre à un collier ou les glisser dans une poche) que de grosses pièces d'exposition coûtant plusieurs centaines de dollars. Il existe également des pierres polies (la pierre irrégulière est alors placée dans une machine et secouée jusqu'à devenir lisse), ainsi que des pierres qui ont conservé leur aspect brut et irrégulier. On trouve de nombreuses sortes de pierres qui ont été sculptées en forme de perles ou de pyramides, de cœurs, d'animaux, etc. (Vous ne parviendriez jamais à imaginer combien je possède de pierres en forme de chats ! Bon, en fait, peut-être que si.) La taille et la forme des pierres que vous achetez dépendent de ce que vous comptez en faire, de ce que vous trouvez et, bien sûr, de votre budget.

Sources de pierres

Certains d'entre nous ont la chance d'habiter à proximité de boutiques de pierres précieuses et fournitures magiques. D'autres personnes doivent aller sur Internet pour se procurer ce dont elles ont besoin. Mais à l'époque, les sorcières devaient trouver leurs pierres là où elles vivaient.

Pour certaines d'entre elles, cela pouvait être dans une petite boutique, un marché hebdomadaire sur la place du village, ou même auprès d'un vendeur ambulant aux produits exotiques venus de loin. Pour d'autres, cela voulait dire se contenter de ce qui était disponible dans leur région. Par exemple, les agates et les quartz viennent d'Espagne, tandis que les meilleurs ambres se trouvent en Pologne. Les cristaux de quartz abondent dans le nord de l'Angleterre et en Écosse. Il est très probable que les premières sorcières aient focalisé leur travail magique avec les pierres qui leur étaient faciles à se procurer.

En outre, il existait de grosses pierres, qu'elles soient disposées par l'homme (comme à Stonehenge), ou bien qu'il s'agisse de montagnes et de grottes naturelles où se rendaient les gens pour entrer en lien avec le pouvoir des pierres. Les pierres polies rejetées par l'océan sur les plages ou les pierres creusées d'un trou par l'eau ou l'érosion étaient considérées comme magiques par de nombreuses personnes, et c'est toujours le cas aujourd'hui. On les appelait également pierres d'Odin, pierres de fées, pierres de *hags*, pierres de sorcières, pierres de vipères et œufs de serpents, entre autres noms.

Comment utiliser les pierres

Tant que vous ne les lancez pas à la tête des gens, vous pouvez utiliser les pierres comme bon vous semble. Cependant, il existe des usages magiques plus traditionnels que nous sommes nombreux à intégrer dans notre pratique de la sorcellerie ainsi que dans notre vie quotidienne. Comme les herbes et autres outils, les pierres font partie de nos efforts pour concentrer notre intention et notre volonté. Lorsque nous utilisons des pierres associées à la prospérité, par exemple, c'est là une façon d'appuyer notre intention d'œuvrer pour atteindre cet objectif.

En raison de leur énergie intrinsèque, les pierres possèdent également des dons plus subtils. Leur simple présence nous fait profiter de leur essence. Voici quelques exemples de comment nous pouvons tirer le maximum de cette énergie de Terre :

APPUYER L'INTENTION DES SORTILÈGES ET DES RITUELS : l'une des façons principales dont les sorcières recourent aux pierres et aux cristaux consiste à les utiliser pour focaliser leurs sortilèges ou rituels sur un objectif spécifique. Par exemple, si vous exécutez un rituel de guérison, vous pourriez utiliser un morceau de lapis ou de sodalite. Pour l'ancrage, tournez-vous plutôt vers l'hématite ou l'onyx, et pour entrer en lien avec la Déesse à la pleine lune, choisissez plutôt du cristal de quartz ou une pierre de lune. En vous tournant vers des pierres en rapport avec vos tâches magiques, vous pouvez donner un coup de fouet à l'énergie que vous insufflez à vos sortilèges et rituels.

SACHETS ET SACS D'ENCHANTEMENTS : qu'il soit contenu dans un sachet, sac d'enchantements ou dans une boîte à sortilèges, tout mélange profitera de l'ajout de pierres intensifiant l'énergie de tous les autres ingrédients. Par exemple, à chaque fois que je réalise un sac d'enchantements de protection, j'ajoute un petit morceau poli de jaspe rouge.

SUR L'AUTEL : les pierres peuvent remplir divers rôles sur votre autel, qu'il s'agisse d'un ajout temporaire pour la pleine lune ou un rituel de sabbat, ou bien d'un aménagement permanent qui célèbre votre pratique sorcière. Certaines personnes ont recours à des cristaux pour représenter le Dieu et la Déesse. Par exemple, vous pourriez choisir un morceau de pierre de lune pour symboliser la Déesse et un œil-de-tigre pour honorer le Dieu. Vous pouvez également avoir recours à des pierres pour symboliser les quatre éléments, en prenant de la citrine pour l'Air, de la cornaline pour le Feu, de la turquoise pour l'Eau et de l'aventurine pour la Terre.

STIMULER OU CHANGER L'ÉNERGIE DE VOTRE FOYER : qu'elles soient sur votre autel, posées sur des étagères ou rangées dans des coins, les pierres peuvent véritablement changer l'énergie de votre logement, surtout si elles sont grosses ou puissantes. Je possède de très gros quartz roses et quartz fumés, car j'ai besoin de la paix et de l'ancrage qu'ils apportent. Si vous voulez rehausser la sécurité de votre maison, vous pourriez avoir envie d'investir dans des pierres protectrices, et les personnes désireuses d'attirer la prospérité pourraient vouloir choisir des pierres telles que le jade, l'aventurine ou la malachite. Même sans accomplir la moindre tâche magique avec elles, vous profiterez de leur énergie.

TRAVAIL DE GUÉRISON : j'effectue un type de guérison énergétique (un peu comme le reiki, mais c'est un don plus intuitif que j'ai reçu il y a de nombreuses années) et je me suis aperçue au fil du temps que les pierres pouvaient être utilisées dans le travail de guérison. Certaines servent à faire sortir l'énergie négative et d'autres produisent de l'énergie positive et aident à débloquer des parties du corps coincées. Certaines pierres semblent avoir une affinité spéciale pour différentes parties du corps, et d'autres, telles que le cristal de quartz, sont de bons outils de guérison multifonctions. Si vous êtes intéressé par la guérison non traditionnelle, cela pourrait valoir le coup d'expérimenter avec divers cristaux et pierres. Certains guérisseurs ont également recours à des pierres spécifiques pour aligner les chakras.

METTEZ-EN DANS VOS POCHES : si vous avez besoin d'emporter un peu de magie avec vous, il suffit de glisser une ou deux pierres polies dans votre poche. Vous réalisez une présentation importante et avez besoin d'un peu plus de confiance en vous ? Prenez une cornaline. Un premier rendez-vous galant ? Cela ne fait pas de mal d'emporter un cristal d'améthyste ou un petit quartz rose. Non seulement vous emportez cette énergie avec vous, mais la pierre froide et lisse peut être réconfortante au toucher.

DÉCORATION : n'oublions pas que la plupart des pierres et des cristaux sont tout simplement beaux. Ils représentent une excellente manière d'orner votre maison tout en apportant des ondes positives. Mettez un joli cristal ici, une petite pierre par-là, et vous pouvez célébrer votre magie à chaque fois que vous les regardez, à l'insu de tous.

Comment purifier les pierres

- Le soir de la pleine lune, sortez-les de manière à ce qu'elles baignent dans sa lueur.
- Vous pouvez aussi les exposer à la lumière du soleil lors d'un jour sacré, comme Midsummer.
- Trempez-les dans un bain d'eau et de sel ou plongez-les dans de l'eau vive.
- Purifiez-les avec un bâton de sauge.

N.B. : avant de les purifier, assurez-vous que vos pierres ne risquent pas de s'éroder dans l'eau ni de perdre leur éclat si elles sont exposées au soleil.

BOUGIES

La plupart de mes rituels les plus simples consistent simplement à allumer une bougie et à me tenir face à mon autel. Il m'arrive de réciter un sortilège ou de m'adresser à la Déesse, mais c'est le fait d'allumer cette bougie qui m'aide à entrer dans l'espace sacré.

Les bougies sont l'un des outils de sorcières les plus faciles à trouver et à utiliser. Il n'y a aucun temps d'apprentissage. Si vous êtes capable de gratter une allumette, alors vous savez utiliser des bougies. Nul besoin de vous rendre dans une boutique spéciale pour les acheter, même si pour des tâches magiques importantes, vous pourriez avoir envie de vous offrir une bougie d'une jolie forme ou qui a déjà été préparée dans un but magique.

Le véritable avantage des bougies est que de nombreuses personnes en ont chez elles. Tout le monde ne possède pas une grosse collection d'herbes ou un placard rempli de cristaux, mais il n'y a rien d'inhabituel à voir des bougies sur une commode. Pour les sorcières qui sont toujours dans le placard à balais, c'est là un outil que vous pouvez laisser traîner sans attirer l'attention, ce qui n'est pas vraiment le cas pour un athamé, par exemple.

Si vous êtes du genre à ne pas avoir le temps ou l'énergie de faire quelque chose de compliqué ou qui demande une forte implication, les bougies sont un moyen facile d'ajouter une touche magique à la sorcellerie la plus simple. D'un autre côté, si vous aimez vous surpasser ou que vous êtes doué en travaux manuels, les bougies se prêtent bien à toutes sortes d'enjolivements pour les personnaliser.

Allumer une flamme dans l'obscurité est intrinsèquement puissant. C'est un symbole d'espoir, une façon de diffuser ses intentions, et même une forme de culte en soi. Les nuits de pleine lune, il m'arrive souvent d'allumer une bougie blanche et de saluer la Déesse, lui envoyant mon amour et ma reconnaissance tandis que sur mon autel vacille la flamme de la bougie.

Soyez prudent avec les bougies

En tant que sorcières, nous adorons l'élément du Feu, mais les bougies devraient toujours être manipulées avec soin. Utilisez un récipient ou bougeoir ininflammable et ne laissez jamais une bougie allumée si vous quittez la pièce. Faites également attention aux animaux domestiques, car ils peuvent accidentellement se brûler ou faire tomber une bougie mise à leur portée.

Différentes sortes de bougies

Il existe un choix étonnant de types de bougies.

Matériaux

CIRE D'ABEILLE : réalisé à partir des rayons de miel produits par les abeilles, ce type de bougie est le plus naturel et est utilisé depuis des siècles. Puisque les abeilles sont sacrées aux yeux de la Déesse et constituent une partie aussi vitale de la nature, la cire d'abeille représente un excellent choix pour les tâches magiques. Elle sent légèrement le miel et se consume plus lentement que bien d'autres types de cire. Cependant, elle est également plus chère, alors certaines personnes la réservent aux grandes occasions.

PARAFFINE : les bougies en paraffine, les plus répandues, sont fabriquées à partir de produits pétroliers ; elles n'ont donc pas une provenance des plus écologiques, mais elles sont abordables et existent dans toutes les couleurs, tailles et formes imaginables. La majorité des bougies utilisées par les sorcières sont en paraffine, et ce sont également celles que l'on voit le plus souvent en boutique.

SOJA : ces bougies fabriquées à partir de germes de soja se font de plus en plus courantes, bien qu'elles soient généralement vendues en pots ou en bocaux plutôt qu'indépendamment d'un récipient. C'est là aussi une option naturelle.

On peut également fabriquer des bougies avec de l'huile de palme, de la myrica et divers autres produits, mais je me suis contentée de développer les trois ingrédients les plus utilisés.

Formes

BOUGIES CHAUFFE-PLATS : petites et plates, les bougies chauffe-plats sont idéales pour les rituels simples et rapides ou les fois où vous désirez allumer plusieurs bougies en même temps. (Nous nous en servons à Samhain pour notre autel des ancêtres, afin que les gens puissent allumer une bougie pour chacune des personnes qu'ils ont perdues.)

BOUGIES MOULÉES : si vous êtes d'humeur magique, cela peut être amusant d'avoir recours à des bougies en forme d'étoile, de lune, de chat, de silhouette féminine/de la Déesse ou masculine/du Dieu, entre autres. On trouve certaines de ces formes un peu partout, tandis que d'autres devront être achetées auprès de fournisseurs New Age ou païens.

BOUGIES VOTIVES : les bougies votives sont de taille intermédiaire, généralement environ 5 centimètres. Si vous avez envie d'une bougie en cire d'abeille, la bougie votive peut représenter une solution plus abordable. Les bougies votives sont un peu larges et trapues, ce qui fait d'elles un choix idéal si vous souhaitez graver des symboles sur vos bougies avant de les utiliser.

CIERGES : fins et longs, les cierges peuvent être simples et bon marché ou chics et trempés à la main (un processus que vous pouvez par ailleurs réaliser chez vous) ou encore joliment torsadés. Les cierges peuvent brûler longtemps et font d'excellentes bougies pour le Dieu et la Déesse.

MINI-CIERGES : ces mini-cierges, plus gros qu'une bougie d'anniversaire, mais quand même assez petits, sont devenus très populaires en ésotérisme. Ils se glissent facilement dans un kit magique, peuvent être consumés entièrement pour un sortilège si on le désire, et admettons-le, ils sont mignons. Je les aime bien parce que je peux acheter plusieurs boîtes de mini-cierges de différentes couleurs sans que cela prenne trop de place.

Si vous n'avez pas de bougie de la couleur qu'il vous faut pour une tâche magique donnée, souvenez-vous que le blanc peut se substituer à toutes les couleurs.

Petit guide des utilisations par couleurs

En sorcellerie moderne, certaines couleurs sont souvent associées à des objectifs et intentions magiques spécifiques. C'est utile lorsque vous choisissez des bougies pour un sortilège en particulier. Bien que les correspondances puissent varier d'une source à l'autre, et qu'il faille suivre votre instinct quoi qu'il arrive, voici un petit guide des couleurs pour commencer.

- **ROUGE ET ORANGE :** courage, énergie, puissance, amour passionnel (rouge), Feu.
- **ROSE :** amour, calme, amour-propre, amitié, paix, bonheur.
- **JAUNE :** l'intellect et le conscient, communication et paroles claires, créativité, Air, le Dieu.
- **VERT ET MARRON :** prospérité et argent, réussite, fertilité, croissance, chance, guérison, Terre.
- **BLEU :** guérison, sommeil, calme, purification, Eau.
- **VIOLET :** esprit, facultés psychiques, purification, méditation.
- **BLANC :** la Lune, facultés psychiques, purification, protection, la Déesse.
- **NOIR :** protection, puissance, ancrage.
- **ARGENT :** la Déesse.
- **OR :** le Dieu.

Ces correspondances s'appliquent aux pierres aussi bien qu'aux autres outils magiques, tels que le tissu des sacs d'enchantements.

Comment utiliser les bougies

Ça semble plutôt évident, n'est-ce pas ? Pour utiliser une bougie, il suffit de l'allumer. Dans de nombreux rituels, vous n'aurez qu'à choisir la bougie qui vous paraît adaptée à la tâche magique qui vous attend et à l'allumer au bon moment.

Par exemple, pour un rituel solennel, la plupart des sorcières allument des bougies à chacun des points cardinaux (nord, est, sud et ouest) ainsi qu'une bougie pour le Dieu et une autre pour la Déesse (ou parfois, simplement une pour la Déesse, selon le rituel). Elles peuvent aussi allumer une bougie propre au sort qu'elles jettent, disons une bougie verte pour un sortilège de prospérité.

Toutefois, certaines personnes aiment aller encore plus loin. Par exemple, vous pouvez bénir et oindre une bougie pour des tâches magiques, avant ou pendant le rituel où vous comptez l'utiliser. Certaines personnes gravent également des symboles sur les côtés des bougies. Si vous exécutez une tâche pour de la prospérité, ces symboles peuvent inclure des runes associées à la richesse et à l'abondance, un symbole du dollar, vos initiales ou n'importe quel autre caractère doté de sens pour vous. Pour de la magie de l'amour, vous pourriez utiliser des symboles en rapport avec ce domaine, comme des cœurs, des symboles de l'unité, les symboles masculin et féminin ou même le mot « amour ».

Il est également possible de décorer l'extérieur de la bougie par d'autres moyens. Mettons que vous vous livrez à de la magie de protection et que vous auriez aimé utiliser une bougie noire, mais que vous n'en aviez qu'une blanche. Vous pouvez nouer un ruban ou un fil de laine noir autour de la base de la bougie (en prenant soin de ne pas laisser la bougie se consumer jusqu'à ce niveau-là) afin de modifier l'énergie. Vous pouvez aussi rouler une bougie dans des herbes ou fleurs séchées pour stimuler son pouvoir magique ou simplement pour la rendre plus belle. Là aussi, faites attention si vous avez recours à des matériaux inflammables.

Les bougies sont un outil étonnamment adaptable et puissant, et seule votre imagination limite leurs possibilités d'utilisation. Bien entendu, il n'y a rien de mal à se contenter d'allumer une bougie blanche toute simple. Dans votre magie, c'est vous qui choisissez !

Les bases des bougies en rituel

- **BOUGIES DES QUATRE POINTS CARDINAUX :** jaune/est (Air), rouge/sud (Feu), bleu/ouest (Eau), vert/nord (Terre)
- **BOUGIE DE LA DÉESSE :** blanche ou argent
- **BOUGIE DU DIEU :** jaune ou or
- **FACULTATIF :** bougie pour sortilèges

Consécration et onction des bougies

Si vous voulez conférer un peu plus de dynamisme à vos bougies, vous pouvez les consacrer et les oindre. Ceci peut s'effectuer à l'avance (soit individuellement pour chaque bougie, soit pour de nombreuses bougies d'un coup) ou dans le cadre du rituel que vous accomplissez. Cela peut être plus pratique de le réaliser en amont et d'avoir un stock de bougies prêtes à l'emploi, mais d'un autre côté, la consécration de la bougie pendant le rituel peut vous aider à intensifier votre focalisation sur la tâche en question. Aucune de ces deux méthodes n'est supérieure à l'autre.

Vous pouvez avoir recours à n'importe lequel des ingrédients suivants : huile magique (achetée toute prête ou bien concoctée par vos soins dans un but spécifique, par exemple pour attirer l'argent ou accroître la puissance) ou n'importe quelle huile essentielle adaptée à la tâche magique qui vous attend, sel, eau, encens ou bâton de sauge, une bougie blanche, ainsi que la ou les bougie(s) que vous allez consacrer.

Posez tous les objets que vous allez utiliser sur votre autel ou sur une table. Vous pouvez glisser un tissu sous les bougies afin de recueillir les gouttes d'eau et les grains de sel qui pourraient tomber. Allumez la bougie blanche et si vous le souhaitez, invoquez la Déesse et le Dieu. Levez la bougie à consacrer et saupoudrez un peu de sel dessus en disant : « Par le pouvoir de la Terre, je consacre cette bougie. » Ensuite, trempez le bout de vos doigts dans l'eau et aspergez-en quelques gouttes sur la bougie en disant : « Par le pouvoir de l'Eau, je consacre cette bougie. » Allumez la sauge ou l'encens et passez la bougie dans sa fumée en disant : « Par le pouvoir de l'Air, je consacre cette bougie. » (Vous pouvez aussi remplacer la sauge ou l'encens par une plume.) Enfin, tenez la bougie à une distance raisonnable de la bougie blanche que vous avez allumée au préalable et dites : « Par le pouvoir du Feu, je consacre cette bougie. »

Pour oindre la bougie, trempez le bout d'un doigt dans l'huile que vous utilisez et badigeonnez-en la bougie du bas vers le haut. Prenez garde de ne pas mettre d'huile sur la mèche. Dites : « Par cette huile magique, j'oins cette bougie et je la dédie aux tâches magiques. » (Si vous avez recours à une huile spécifique, par exemple une huile pour l'amour, vous pouvez dire : « aux tâches magiques de l'amour ».)

Si vous le souhaitez, vous pouvez lever la bougie et dire : « Je demande à la Déesse et au Dieu de bénir cette bougie pour des tâches magiques positives » ; ou simplement : « Cette bougie est désormais consacrée pour les tâches magiques. Puisse-t-elle ne faire que du bien et jamais de mal ; ainsi soit-il. »

Cire d'abeille, suif et spermaceti, oh, là, là !

Parfois, il y a du bon à vivre à notre époque. Les sorcières d'antan n'avaient pas accès à nombre des types de bougies dont nous jouissons désormais. La cire d'abeille existait déjà, mais à moins d'être soi-même apiculteur, elle était très onéreuse et seuls les membres de la haute société avaient les moyens de s'en procurer. La plupart des bougies étaient à base de suif (graisse fondue d'animaux) ou de spermaceti (graisse de baleine), ingrédients qui brûlaient assez mal, en plus de ne pas sentir très bon. Encore une raison de nous sentir reconnaissants dans notre parcours de sorcellerie moderne !

RECETTES MAGIQUES

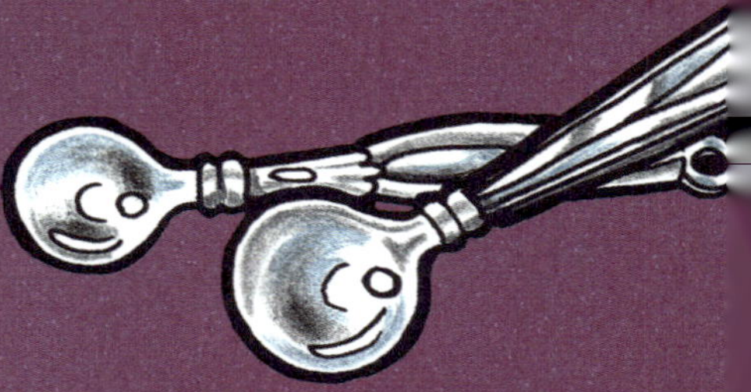

L'une des fonctions principales du livre des ombres est de fournir à chaque sorcière un endroit où noter toutes ses recettes. Je ne parle pas ici de recettes de cuisine, même si certaines personnes en incluent dans leur livre des ombres et que vous en trouverez aussi plus loin dans ce livre.

Ici, il est question de recettes magiques : mélanges d'herbes, sacs d'enchantements et ingrédients pour poupées. Après tout, il peut falloir un certain nombre de tâtonnements pour trouver les associations parfaites, qu'il s'agisse de ce qui fonctionne pour vous magiquement parlant, des associations que vous trouvez les plus plaisantes (celles qui ne sont pas malodorantes lorsque vous associez différentes senteurs, par exemple) ou encore les plus faciles à réaliser rapidement. Une fois que vous avez trouvé une bonne recette, vous n'aurez pas envie de repartir de zéro la prochaine fois, donc c'est logique de la noter dans votre livre.

En outre, certaines sorcières partagent ces informations, que ce soit avec les autres membres de leur coven si elles en ont un, avec un apprenti ou bien un membre de leur famille. Dans ces cas-là, on se facilite la vie si on a noté toutes les étapes au même endroit.

Comme pour tout travail magique, les recettes de ce chapitre ne constituent qu'un point de départ. Si vous n'aimez pas un ingrédient donné, libre à vous de ne pas l'inclure. Si vous ne parvenez pas à vous procurer tel élément, n'hésitez pas à le remplacer par quelque chose qui fonctionnera selon vous, ou bien à vous en passer. Les pages de journal de bord pourraient vous servir à noter les changements que vous avez effectués ou ce qui a le mieux fonctionné pour vous. Vous pouvez également ajouter vos propres recettes. On ne sait jamais quand on va rencontrer une personne avec laquelle on désirera partager ses connaissances.

Les recettes magiques peuvent recourir à un seul outil (comme des huiles) ou plusieurs (des herbes, des pierres et des bougies, ainsi que quelques outils supplémentaires si souhaité). Cependant, elles ont toutes en commun le fait de remplir un rôle particulier. Par exemple, vous pourriez avoir une huile magique curative, un sac d'enchantements curatif, un kit à sortilège contenant tous les ingrédients dont vous auriez besoin pour effectuer de la magie curative, ou une poupée servant à canaliser de la magie curative pour vous ou pour un de vos proches.

Bien que les possibilités d'objectifs magiques soient infinies, la plupart d'entre nous visent régulièrement les mêmes : la guérison, la prospérité, l'amour, la protection, la force, le courage, la purification, la stimulation des facultés psychiques ou de la lucidité, le bonheur et la paix. On peut parfois combiner plusieurs de ces domaines, par exemple si on veut travailler sur la guérison et la paix en même temps parce que les deux sont liés, mais la majorité du temps, on se concentre sur un seul objectif.

Il ne nuit pas de posséder déjà quelques recettes pour les problèmes auxquels on risque de faire face régulièrement. C'est là que cette partie de votre livre des ombres se montre utile. Bien entendu, si vous travaillez sur diverses manières d'aborder un même problème, les différentes méthodes vont forcément se recouper un minimum. Par exemple, si vous réalisez à la fois un sac d'enchantements et un kit magique pour la prospérité, il est probable que vous employiez les mêmes herbes, mais de façons différentes.

Sinon, vous pouvez choisir l'approche qui vous parle le plus, quelle qu'elle soit, et y avoir recours pour tous les problèmes auxquels vous faites face ou presque. Certaines personnes préfèrent les sortilèges simples ; d'autres, les sacs d'enchantements. Votre compilation de recettes vous fournit de multiples possibilités parmi lesquelles choisir.

Huiles magiques

Voici mes associations préférées, que j'ai fini par trouver après des années d'expérimentation. Vous pourriez revenir à la partie sur les herbes et réaliser vos propres expérimentations afin de voir s'il existe d'autres associations que vous aimez davantage. Elles sont toutes réalisées à partir d'huiles essentielles, fortement imprégnées de l'énergie de la plante d'origine. Souvenez-vous que les huiles de parfum ne posséderont pas cette puissance puisqu'elles sont artificielles.

On trouve généralement des huiles essentielles dans des boutiques bio, et les plus répandues sont parfois même dans le rayon bio des supermarchés traditionnels. On peut également s'en procurer sur Internet ainsi que dans certaines boutiques païennes et New Age. Si vous ne souhaitez pas investir dans des dizaines d'huiles différentes, réfléchissez à celles que vous comptez utiliser le plus et commencez par celles-là. Par exemple, la lavande et la menthe poivrée ont des rôles aussi bien magiques que thérapeutiques. Si vous achetez des huiles de qualité alimentaire, vous pourrez même les utiliser dans vos plats.

Certaines huiles essentielles, telles que la camomille et la rose, sont considérablement plus chères que d'autres. Mais une toute petite quantité suffit, donc vous pouvez en acheter un minuscule flacon et vous contenter d'une ou deux gouttes. Vous pouvez également les remplacer par une alternative moins coûteuse ; à vous de choisir.

Pour créer une huile magique, vous aurez besoin d'une huile de base. Il en existe diverses sortes, telles que l'huile d'amande, de carthame, de colza et de jojoba. Plutôt que d'acheter quelque chose de spécial, j'utilise l'huile d'olive qui se trouve dans ma cuisine, mais sachez qu'elle peut rancir plus vite que les autres choix, donc si vous y avez recours, pensez à réaliser de plus petites quantités.

Vous devriez conserver votre huile magique dans un récipient en verre sombre. Personnellement, j'aime les flacons bleu cobalt, mais on trouve également des bocaux ambrés ou d'autres couleurs. Le verre transparent laisse passer la lumière, ce qui causera une dégradation accélérée des huiles. Versez votre huile de base, puis ajoutez quelques gouttes de chaque huile essentielle que vous utilisez. J'aime mettre 9 gouttes au total puisque 9 est un chiffre magique, mais vous pouvez en utiliser davantage si vous désirez une odeur plus forte. À chaque goutte ajoutée, n'oubliez pas de vous concentrer sur votre objectif, puis quand vous avez terminé, remuez l'huile doucement dans le sens des aiguilles d'une montre afin de bien mélanger. Conservez-la à l'abri de la lumière du soleil.

Les huiles magiques peuvent servir à oindre des bougies, des cristaux, des amulettes ou des sacs d'enchantements. Si vos huiles sont sans danger pour la peau, elles peuvent également être utilisées pour oindre les participants à un rituel. (Toutes celles mentionnées ci-dessous ne devraient pas poser problème, du moment que vous n'y êtes pas allergique.)

AMOUR : géranium rosat (3 gouttes), lavande (3 gouttes), rose (3 gouttes). L'huile essentielle de rose est elle aussi coûteuse, bien que très puissante. Vous pouvez la remplacer par du citron, ou si vous souhaitez de l'amour passionnel, par de la cannelle.

ÉNERGIE/FORCE/COURAGE : cannelle (3 gouttes), gingembre (3 gouttes), citron ou orange (3 gouttes).

GUÉRISON : lavande (4 gouttes), mélisse officinale (2 gouttes), romarin (3 gouttes). La mélisse officinale peut être plus onéreuse et difficile à trouver, mais je l'apprécie beaucoup. Si vous préférez, vous pouvez la remplacer par de l'eucalyptus.

PAIX ET BONHEUR : camomille (2 gouttes), géranium rosat (4 gouttes), lavande (3 gouttes). Si vous n'avez pas de camomille, vous pouvez mettre une goutte de plus des deux autres huiles essentielles, ou la remplacer par du citron. Si vous avez de la mélisse officinale, ajoutez-en également.

PROSPÉRITÉ : basilic (2 gouttes), cannelle (3 gouttes), menthe poivrée (4 gouttes).

PROTECTION : romarin (4 gouttes), basilic (2 gouttes), sauge (3 gouttes).

PURIFICATION : romarin (2 gouttes), sauge (2 gouttes), citron (3 gouttes), lavande (2 gouttes).

N.B. : les ingrédients pour la protection et la purification étant très similaires, vous pourriez aisément réaliser un mélange au rôle double.

Mise en garde

Certaines études montrent que l'utilisation des huiles essentielles dans des diffuseurs peut être dangereuse (voire fatale) pour les animaux domestiques, donc si vous en avez, soyez extrêmement prudent avec vos huiles magiques. Les huiles essentielles sont tellement concentrées qu'une minuscule quantité peut suffire à causer des problèmes, même si votre animal n'entre pas en contact direct avec elles et que les ingrédients sont sans danger dans le cadre d'une utilisation normale.

Sacs d'enchantements

Les sacs d'enchantements sont une façon d'insérer les ingrédients d'un sortilège dans un sac qui peut ensuite être suspendu dans la maison, glissé sous l'oreiller, déposé sur son autel ou offert à quelqu'un. Avec les mêmes ingrédients, on peut aussi réaliser un sachet ou un petit coussin. La seule différence entre un sac d'enchantements et un sachet est la suivante : le premier peut s'ouvrir, tandis que le second est entièrement cousu.

Les sacs d'enchantements sont faciles à réaliser. Déjà, il suffit d'acheter un sac à cordons coulissants, en soie, en coton, en velours ou en cuir, de la taille qui correspond à vos besoins. Si vous avez envie de le réaliser vous-même, vous pouvez en coudre un ou simplement prendre un carré de tissu que vous refermerez à l'aide d'un ruban ou d'un fil de laine.

Le choix du sac ou du tissu est entièrement libre. Certaines sorcières aiment utiliser uniquement des matières naturelles, telles que la soie ou le coton, alors que d'autres prennent ce qu'elles ont sous la main. Il peut être judicieux d'utiliser un tissu dont la couleur correspond à votre intention magique (bleu pour la guérison, par exemple), mais la mousseline blanche ou non teintée se prête à tous les objectifs, et vous pouvez y dessiner des symboles si vous le désirez.

Il n'y a pas de « bonne » façon de confectionner un sac d'enchantements. Faites comme bon vous semble. Parfois, je prends un carré de tissu et d'autres fois, je choisis un sac dans ma collection (assez importante, je l'avoue) de sacs à cordons coulissants. Cela dépend essentiellement de mon humeur ou de ce que je trouve le plus facilement au moment d'effectuer le travail magique.

Sac d'enchantements protecteur facile à réaliser

Déposez un petit jaspe rouge ou un onyx noir au centre d'un carré de tissu blanc de 8 centimètres de côté. Ajoutez un peu de romarin séché, une gousse d'ail, un peu de basilic séché ainsi que quelques pincées de sel de mer. Tout en nouant le tissu à l'aide d'un ruban pour y enfermer le contenu, concentrez-vous sur votre intention de protéger votre foyer. Suspendez le sac près de l'entrée principale de votre logement.

Une fois que vous avez choisi votre sac, vous devez décider ce que vous allez y mettre. Parmi les ingrédients suivants, choisissez ceux qui correspondent à votre but magique : herbes, pierres polies ou cristaux, porte-bonheurs ou amulettes, ou n'importe quels autres accessoires vous paraissant adaptés. Par exemple, si vous créez un sac pour attirer la prospérité, vous pourriez vouloir y glisser une pièce de monnaie brillante pour symboliser l'argent. Autrefois, on mettait systématiquement une épingle dans les sacs de protection. Je crois que c'était pour que le mal s'empale dessus ou quelque chose dans le genre – faites attention à ne pas vous empaler vous-même par accident !

Rassemblez tous vos ingrédients ainsi que le sac ou tissu sur votre autel ou une surface plane, comme une table ou le sol (si vous êtes dehors, par exemple). Si vous avez recours à un sort, vous pourriez avoir envie de le recopier sur un petit papier que vous enroulerez et glisserez dans le sac, ou bien d'écrire votre objectif sur un papier et/ou d'inclure quelques symboles qui le représentent.

À chaque ingrédient que vous ajoutez, concentrez-vous bien sur votre objectif magique. Lorsque vous avez terminé, tirez fermement sur le cordon ou nouez le ruban pour refermer le tissu et former un sac. Pour un peu plus d'énergie, vous pouvez oindre votre sac d'enchantements avec de l'huile magique.

Si vous le désirez, vous pouvez aller encore plus loin en le bénissant et en le consacrant ; sinon, contentez-vous de le poser ou de l'accrocher où vous le souhaitez. Les sacs d'enchantements de protection se suspendent souvent au-dessus de la porte d'entrée, bien que vous puissiez également en mettre un dans la chambre de votre enfant ou dans la voiture. Si vous devez les dissimuler, il est toujours possible d'en glisser un au fond d'un tiroir ou dans votre boîte à gants. On peut aussi en réaliser de très petits, généralement appelés « amulettes », et les porter autour du cou en pendentif.

Dans les recettes qui suivent, il vaut mieux utiliser des herbes séchées, car des fraîches ne tiendront probablement pas aussi longtemps. Ainsi, les pétales de rose frais sont très agréables, mais ils contiennent davantage d'humidité et finiront par moisir. Vous pouvez toutefois recourir à des herbes fraîches si vous ne comptez vous servir du sac d'enchantements que pendant une à deux semaines.

Vous pouvez aussi faire votre choix parmi les divers ingrédients mentionnés ; nul besoin de tous les utiliser. Cela dépendra en partie de ce que vous avez à portée de main ou pouvez vous procurer facilement, ainsi que de ce que votre instinct vous dit d'employer. En général, j'ai recours à trois ou quatre sortes d'herbes différentes, à une pierre polie ou un petit cristal, ainsi qu'à un sortilège écrit ou un autre moyen de symboliser mon intention.

AMOUR. *Herbes* : lavande, pétales de rose, œillet, écorce de citron, cannelle (pour l'amour passionnel). *Pierres* : améthyste, quartz rose, turquoise, grenat, ambre, jade, lapis-lazuli, malachite, pierre de lune. *Symboles* : cœur, mains qui s'étreignent, cercle, les runes Fehu, Kenaz, Gifu, Wunjo, Beorc ou Ing. *Couleurs* : rose (amour romantique, amour familial) ou rouge (amour passionnel). Vous pouvez utiliser une gemme en forme de cœur pour faire d'une pierre deux coups !

ÉNERGIE/FORCE/COURAGE. *Herbes* : bâtons de cannelle, gingembre séché, écorce séchée d'orange ou de citron, thym. *Pierres* : cornaline, agate, ambre, grenat, œil-de-tigre, turquoise. *Symboles* : la rune Urar, soleil, bœuf ou taureau. *Couleurs* : rouge ou orange.

GUÉRISON. *Herbes* : lavande, mélisse officinale, romarin, calendula, eucalyptus, cannelle, ail, menthe, thym. *Pierres* : cristal de quartz, améthyste, cornaline, grenat, lapis-lazuli, turquoise, sodalite, fluorite, hématite, jade et jais. *Symboles* : caducée (bâton autour duquel s'enroulent deux serpents, symbole de guérison), soleil contenant une spirale, lotus, les runes Uruz, Kenaz, Siegel, Tir ou Ing. *Couleur* : bleu.

PAIX ET BONHEUR. *Herbes* : camomille, lavande, géranium rosat, pétales de rose, cataire, mélisse officinale. *Pierres* : améthyste, lapis-lazuli, sodalite, agate à dentelle bleue, cristal de quartz, fluorite, quartz rose, malachite, quartz fumé. *Symboles* : cœur, colombe, symbole de la paix, Bouddha riant, la rune Wunjo. *Couleur* : bleu.

PROSPÉRITÉ. *Herbes* : basilic, cannelle, menthe poivrée, gingembre, aneth, camomille. *Pierres* : aventurine, quartz vert, malachite, œil-de-tigre, jade, turquoise, citrine. *Symboles* : pièces (soit des vraies, soit en image), trèfle à quatre feuilles, gland, les runes Fehu, Daeg, Othel, Gifu, Uruz ou Tir. *Couleurs* : vert ou or.

PROTECTION. *Herbes* : romarin, basilic, sauge, ail, cannelle, aneth, persil. *Pierres* : onyx noir, agate, jaspe rouge, ambre, cristal de quartz, œil-de-tigre, grenat, cornaline, améthyste, turquoise, jade, lapis-lazuli, pierre de lune, jais. *Symboles* : bouclier, pentacle/pentagramme, Œil de Râ (Égypte), les runes Thurisaz, Eihwaz, Eolh ou Kenaz. *Couleurs* : noir ou blanc.

Il ne s'agit là que des bases, mais vous pouvez réaliser un sac d'enchantements pour presque n'importe quel besoin. Il vous suffit de prendre des herbes ainsi qu'une pierre tirées des chapitres précédents de ce livre et d'utiliser un symbole ou un sort qui a du sens à vos yeux.

Sac d'enchantements pour la prospérité

Prenez un sac ou tissu vert et déposez-y une petite quantité de basilic, un bâton de cannelle et quelques feuilles de menthe poivrée. (Si vous n'avez pas de feuilles de menthe poivrée dans votre cuisine ou parmi vos fournitures magiques, vous pouvez utiliser un sachet de tisane à la menthe poivrée.) Ajoutez une aventurine (ou n'importe quelle autre pierre verte) et une pièce. Si vous utilisez une pièce d'un centime, assurez-vous qu'elle soit bien brillante ; sinon, prenez une pièce de plus grande valeur ou même de l'argent factice. Écrivez ce sort sur un papier que vous glisserez dans le sac : « Dieu et Déesse, entendez ma requête : faites pleuvoir sur moi la prospérité. Apportez-moi des sommes d'argent petites et grandes pour payer mes factures, une par une. Argent gagné et cadeaux gratuits – selon mes désirs, qu'il en soit ainsi. » En insérant chaque ingrédient dans le sac, concentrez-vous sur votre désir de prospérité sous n'importe quelle forme positive. Fermez le sac et placez-le en lieu sûr.

Poupées

Il est ici question de poupées magiques, pas le genre de poupées avec lesquelles on joue. Les poupées représentent en réalité une magie très sérieuse, et on constate leur utilisation (sous une forme ou une autre) dans de nombreuses cultures, parfois très anciennes. Les poupées peuvent être fabriquées en diverses matières, parmi lesquelles l'argile, la cire, la pâte et le bois, mais le plus souvent, elles sont en tissu.

Une poupée est une représentation d'une personne (soit vous-même, soit un tiers), et en effectuant une tâche magique sur la poupée grâce à l'utilisation de magie sympathique, vous pouvez avoir un effet sur la personne que représente cette poupée. Évidemment, cela peut servir à lancer des maléfices et à faire du mal, mais je vous déconseille fortement ce genre d'actions, car elles ont tendance à se retourner contre vous. Je dis ça, je ne dis rien.

Par contre, vous pouvez réaliser une poupée pour apporter de l'énergie de guérison à un ami (avec sa permission) ou pour effectuer de la magie pour vous-même.

Commencez à fabriquer la poupée en découpant dans un tissu une silhouette humaine basique : deux bras, deux jambes, un torse, une tête. Pensez à un bonhomme en pain d'épices ! Il vous faut deux silhouettes identiques afin de pouvoir les coudre l'une à l'autre. Si vous n'êtes pas doué en couture, ne vous inquiétez pas ; ce n'est pas censé être une œuvre d'art, mais simplement un objet pratique. (Et si vous désespérez vraiment, vous pouvez toujours mettre de la colle, bien que le fait de coudre le tissu vous permette d'imprégner la poupée de votre intention à chaque point.)

La poupée doit être dotée d'une caractéristique montrant qui elle est censée représenter. Par exemple, vous pourriez lui mettre de la laine noire pour évoquer une chevelure brune. Certaines personnes ajoutent un ingrédient spécial à l'intérieur de la poupée afin de l'associer à la personne qu'elle symbolise : une mèche de cheveux ou une rognure d'ongle appartenant à la personne en question, voire un papier où est écrit le nom de la personne. Tout cela fait un peu glauque, non ? Vous n'êtes pas obligé d'inclure ces ingrédients, surtout si vous accomplissez une tâche pour vous-même ; personnellement, j'aime simplement faire en sorte que la poupée ressemble un peu à la personne concernée ou écrire ses initiales au dos.

Cousez la poupée aux trois quarts environ. Finissez les bras, le torse et les jambes ou bien commencez au milieu d'un côté et faites presque entièrement le tour avant de rembourrer la poupée avec de la ouate de coton, du tissu ou même de la paille. Vous pourriez également incorporer quelques herbes associées à votre intention magique, sans oublier votre ingrédient caractérisant la personne, si vous avez décidé d'en utiliser un. Vous pouvez même écrire un sortilège ou un mot (comme « guérison », « attirer l'amour » ou « protection ») sur un petit papier, enrouler celui-ci et le glisser au cœur de la poupée. Ensuite, achevez de coudre la poupée en laissant un tout petit trou pour vous permettre de rembourrer la tête, et enfin, cousez aussi ce trou.

Vous pourriez avoir envie de bénir et de consacrer votre poupée, et soit de la mettre sur votre autel, soit de la dissimuler, en fonction de son rôle et de votre situation.

Poupée de guérison

Il vous faudra un morceau de tissu (le bleu est tout indiqué pour la guérison), un fil et une aiguille, du rembourrage, un papier, un stylo et une petite quantité de romarin ou de lavande (ou des deux). Cousez la poupée presque entièrement, rembourrez-la avec la matière que vous aurez choisie, ajoutez les herbes puis écrivez ces phrases (ou d'autres mots qui vous paraissent adaptés) sur le petit papier : « Déesse, envoie paix et guérison à .... *[votre nom ou celui de la personne à qui la poupée est destinée]*. Que la guérison soit douce et rapide et exactement ce qui est nécessaire. Ainsi soit-il. » Enroulez le papier pour le glisser dans la poupée, puis achevez de la coudre.

DIVINATION

Il existe de nombreuses formes différentes de divination. Certaines sorcières n'en pratiquent aucune et d'autres les exploitent toutes. Cela dit, pour la plupart, nous découvrons au fil du temps et de nos expérimentations celles qui fonctionnent le mieux pour nous. La divination est une manière de puiser dans notre sagesse intérieure ou bien dans les conseils de l'univers, des dieux et de nos guides personnels. Il existe un certain nombre d'outils qui peuvent nous aider à effectuer de la divination, mais aucun d'entre eux ne fonctionne si vous n'abordez pas la tâche avec une attitude sérieuse ainsi qu'une certaine foi en votre propre faculté à écouter les messages que vous recevez.

Cela ne signifie pas que la divination ne peut pas être amusante ou que vous devez être doté d'un talent exceptionnel pour que ça fonctionne. Comme dans tout autre domaine, certaines personnes possèdent un don inné pour la divination, mais avec de la pratique et de la patience, c'est quelque chose que presque tout le monde peut accomplir.

Les cartes de tarot

Les cartes de tarot sont une des formes de divination les plus connues et les plus courantes. Il en existe des jeux avec toutes sortes d'images et de thèmes, donc chacun devrait pouvoir en trouver un qui lui plaise. Néanmoins, quelques tâtonnements seront peut-être nécessaires avant que vous ne dénichiez celui (ou ceux) qui vous correspond(ent) le mieux. Certaines personnes collectionnent des dizaines de jeux de tarot, alors que d'autres en trouvent un qu'elles adorent et s'en tiennent à celui-ci. Quelle que soit votre méthode, c'est très bien ainsi.

Ne vous sentez pas découragé si les cartes de tarot ne fonctionnent pas immédiatement pour vous. Il s'agit véritablement d'un domaine de la sorcellerie où la pratique est nécessaire pour exceller, ou du moins s'améliorer. Certaines personnes possèdent un don pour la lecture du tarot et d'autres finissent par y arriver à force d'efforts. Il faut aussi garder à l'esprit que tout le monde n'est pas forcément aussi doué pour effectuer une lecture de tarot pour soi que pour les autres ; souvent, on n'est bon que pour l'un des deux. Cela fait vingt ans que je réalise des lectures de tarot professionnelles, pourtant, je suis incapable d'effectuer une lecture fiable pour moi-même. À l'inverse, j'ai des amis qui peuvent lire pour eux-mêmes, mais pas pour les autres.

Les jeux de tarot les plus utilisés sont des variantes du tarot classique Rider-Waite. Comme la plupart des jeux de tarot, le Rider-Waite est composé de 78 cartes, les arcanes majeurs et mineurs. Certaines personnes trouvent le symbolisme de ce jeu au style ancien difficile à comprendre, et si c'est votre cas, il existe de nombreuses alternatives modernes.

Cela peut vous aider de voir les cartes comme un outil vous aidant à canaliser votre propre sagesse intérieure ou les conseils venant de l'extérieur, plutôt que comme des directives inflexibles. Bien que les descriptions accompagnant les cartes dans la plupart des jeux puissent vous être utiles lorsque vous débutez, après un temps, vous n'aurez pas forcément besoin de les suivre à la lettre, une fois que votre propre intuition aura pris le contrôle.

Les cartes d'oracle

Pour les personnes qui trouvent le tarot trop déroutant ou peu évocateur, les cartes d'oracle peuvent représenter une alternative plus simple. Comme pour le tarot, il existe une variété presque infinie de cartes d'oracle. Certains jeux ne possèdent que vingt-quatre cartes, d'autres quatre-vingts, mais généralement, il y a moins de cartes qu'au tarot et elles sont moins compliquées. Les cartes contiennent généralement un message simple et facile à comprendre, donc cela ne demande pas autant d'interprétation.

Les cartes d'oracle sont généralement exploitées individuellement plutôt qu'en tirages (c'est-à-dire des regroupements de cartes, très répandus en tarot), ce qui peut les rendre plus faciles d'utilisation. Comme les cartes de tarot, les cartes d'oracle peuvent être utilisées à la fois pour la divination sérieuse et pour s'amuser, ainsi que pour obtenir des conseils et des réponses aux questions que l'on se pose.

....

....

....

Mes jeux de cartes préférés

J'avoue manquer d'objectivité sur la question puisque j'ai eu la chance inouïe de pouvoir concevoir mes propres jeux de tarot et d'oracle ; en effet, j'ai collaboré avec la fabuleuse illustratrice Elisabeth Alba et créé le jeu de tarot *Histoires de sorcières* ainsi que le jeu d'oracle *Everyday Witch Oracle*. Cependant, avant de pouvoir recourir à mes propres jeux, j'utilisais pour mes lectures le *Universal Waite* illustré par Pamela Colman Smith et recoloré par Mary Hanson-Roberts.

Les pierres runiques

Les pierres runiques sont un type de langue ou symbolisme ancien. Les plus couramment employées sont les runes nordiques/germaniques appelées vieux futhark et dont l'orthographe et les symboles peuvent parfois varier. Chaque jeu comprend vingt-quatre pierres (trois séries de huit), le plus souvent accompagnées d'une pierre vierge appelée wyrd, qui symbolise soit l'inconnaissable, soit des possibilités ouvertes.

Malgré le fait qu'on les appelle souvent « pierres runiques », les premiers jeux de runes étaient souvent fabriqués en bois, et il demeure possible d'en trouver ou d'en confectionner sur de petits ronds de bois. Néanmoins, la plupart du temps, ils sont en pierre polie ou en argile et les symboles runiques sont gravés ou dessinés dessus. On les range généralement dans un petit sac ou une pochette, même si une jolie boîte en bois pourrait également faire l'affaire.

Les pierres runiques peuvent être assez faciles à utiliser, en partie parce qu'elles nécessitent moins d'interprétation que le tarot. On peut tirer du sac une rune pour répondre à une question simple ou bien trois runes pour une lecture « passé, présent, futur ». Imaginons par exemple que vous voulez savoir si vous devez effectuer tel voyage. Si vous tirez Raidho, qui représente le voyage ou le mouvement, la réponse est probablement oui. D'un autre côté, si vous obtenez Isa, qui symbolise les retards ou l'absence d'action, cela signifie que vous devriez attendre ou bien que si vous effectuez le voyage, il va probablement falloir vous préparer à des retards sur votre chemin.

Pour vous familiariser avec les runes, tirez-en une quotidiennement pendant un mois. C'est un exercice intéressant qui vous permet de voir à quelle fréquence la rune que vous tirez a un lien avec les événements de la journée ; en outre, vous allez ainsi vous familiariser avec les runes elles-mêmes. La grande prêtresse qui dirigeait le premier groupe auquel j'appartenais nous faisait faire cela, et c'était à la fois amusant et utile. Vous pouvez vous servir des pages de journal de bord de ce chapitre pour noter les runes que vous tirez et si elles étaient justes ou non.

Confectionner ses propres runes

Il est étonnamment facile de confectionner son propre jeu de pierres runiques. Si vous êtes un peu bricoleur et que vous possédez les bons outils, vous pouvez prendre un morceau de bois d'environ 2 centimètres de diamètre et le découper en vingt-cinq tranches. (Vous pouvez prendre une branche si vous en trouvez une de la bonne taille, ou bien acheter un morceau de bois fin.) Ensuite, à l'aide d'un outil de pyrogravure ou d'un stylo, dessinez les runes sur l'une des deux faces. Sinon, vous pouvez aussi chercher vingt-cinq pierres plates de la même taille et de la même forme (à la plage, dans votre jardin ou bien directement dans un magasin de jardinage ou de produits pour aquariums) et y peindre ou dessiner les runes. Une fois, j'ai réalisé des pierres runiques en argile qu'un membre potier de notre groupe nous a cuites, mais vous pouvez aussi utiliser de l'argile qui n'a pas besoin d'être cuite ou qui peut se cuire au four. Les pierres runiques que vous confectionnez vous-même ne seront peut-être pas aussi jolies que celles du commerce, mais elles seront imprégnées de votre propre énergie, ce qui est un véritable avantage lorsqu'il s'agit de les utiliser en divination.

Le *scrying*

Pour vous essayer à un type de divination extrêmement simple (bien que pas nécessairement facile), vous pouvez tenter le *scrying*, une méthode de divination où on plonge son regard dans un objet pour y dénicher des messages. L'image classique de la sorcière contemplant sa boule de cristal en est un exemple, bien que la plupart d'entre nous n'aient pas les moyens d'acheter un cristal si gros. Le plus souvent, les sorcières modernes ont recours à un miroir de *scrying*, qui peut être du verre noir, du verre transparent dont une face a été peinte en noir, ou bien un bol de couleur sombre peu profond rempli d'eau. Vous pouvez y plonger votre regard à la lueur de la pleine lune ou d'une bougie, et voir si vous distinguez des images en train de se former sur la surface vierge. La lecture des feuilles de thé est une autre sorte de *scrying* : on fait infuser des feuilles de thé, puis une fois le liquide consommé, on lit l'avenir dans les feuilles qui demeurent au fond de la tasse.

Le *scrying* requiert de la concentration ainsi que la faculté de vider son esprit de toutes pensées conscientes afin que l'inconscient s'ouvre aux messages qui pourraient lui parvenir. J'avoue n'avoir jamais eu beaucoup de succès avec le *scrying*, malgré mes facilités avec les cartes de tarot et d'oracle, et avec les pierres runiques. Tout le monde ne peut pas être doué dans toutes les sortes de divination, et si le *scrying* ne semble pas compter parmi mes dons, peut-être compte-t-il parmi les vôtres.

Les pendules

Les pendules sont probablement la forme de divination la plus simple ; tellement simple, d'ailleurs, qu'ils sont principalement utiles pour les questions fermées. Malgré tout, c'est souvent suffisant, et les pendules sont peu coûteux, faciles à ranger et souvent très jolis.

Un pendule est généralement une chaîne ou ficelle au bout de laquelle pend un petit objet, qui peut être tout ce que l'on souhaite, même si les sorcières apprécient souvent les pierres telles que les améthystes ou les cristaux de quartz.

Les pendules magiques sont faciles à utiliser. Tout d'abord, il faut le régler ou le calibrer afin de connaître les trois réponses principales de votre pendule : oui, non et incertain/peut-être. Par exemple, certains pendules donnent une réponse affirmative en se balançant de gauche à droite, et d'autres en tournant sur eux-mêmes. La première fois que vous utilisez un nouveau pendule, demandez-lui de dire « oui » ou posez-lui une question dont vous savez que la réponse sera positive, telle que : « Est-ce que je m'appelle .... ? » (Je sais que je suis en train de vous dire de parler à un objet inanimé, mais je vous assure que cela fonctionne et que ce n'est pas aussi étrange qu'on pourrait le croire. Bon, peut-être qu'en fait si, mais quoi qu'il en soit, ça fonctionne.)

Une fois que vous avez déterminé la façon dont votre pendule vous indique une réponse affirmative, demandez-lui de dire « non » ou posez-lui une question dont vous savez que la réponse sera négative, comme : « Suis-je sur la lune ? » N'importe quel autre mouvement de votre pendule symbolisera l'incertitude.

La plupart des pendules se balancent de gauche à droite ou dans le sens des aiguilles d'une montre pour signifier « oui » et de droite à gauche ou dans le sens inverse des aiguilles d'une montre pour signifier « non », mais vous devrez vérifier que c'est bien le cas du vôtre. Une fois que vous avez calibré le pendule, vous pouvez l'utiliser non seulement pour répondre à des questions fermées, mais aussi pour vous aider à choisir parmi plusieurs options (écrivez-les sur un papier et voyez dans quel sens se balance le pendule) ou même, en théorie, pour de la radiesthésie, c'est-à-dire pour trouver des objets.

Pendule simple en trombone

On peut réaliser un pendule simple et bon marché en suspendant un trombone à une longueur de ficelle ou de fil épais. Il devrait fonctionner aussi bien que des pendules plus chics, même s'il ne sera pas aussi joli.

Divination des rêves

Le terme technique désignant la divination des rêves est « oniromancie ». Pas d'inquiétude, il n'y a pas besoin de savoir le prononcer pour s'y livrer. La divination des rêves est une façon d'inviter les réponses à vos questions à venir à vous lorsque vous dormez. La version la plus basique consiste à penser à la question pour laquelle on désire une réponse juste avant de s'endormir. Cela invite votre subconscient à se pencher sur le problème, en plus d'ouvrir votre psyché aux informations extérieures à votre propre esprit.

Pour une approche plus magique, vous pourriez faire appel aux dieux et déesses associés au sommeil et aux rêves. Par exemple, Morphée est le dieu grec des Rêves. Hypnos, qui a donné le terme « hypnose », est lui aussi un dieu du Sommeil. La déesse jument celte Épona est elle aussi associée aux rêves.

Vous pouvez également faire appel au divin en général ou à vos dieux personnels et leur demander de vous envoyer lucidité et conseils. Cela dit, il est possible qu'ils n'attendent pas que vous leur posiez la question. Si vous avez des rêves exceptionnellement intenses, peut-être l'univers est-il en train de vous envoyer des messages. À vous d'y prêter attention.

Tous les rêves ne sont pas des présages d'avenir. Au contraire, la plupart ne sont que les divagations saugrenues de notre propre cerveau. Comment peut-on faire la différence ? Parfois, c'est impossible.

C'est pour cela que certaines personnes tiennent un journal de leurs rêves et écrivent tous ceux dont elles se souviennent au réveil. Si les mêmes symboles ou personnes font des apparitions répétées, cela pourrait valoir le coup de s'intéresser à ces visions. Souvenez-vous qu'il ne faut pas tout prendre au pied de la lettre dans les rêves. Par exemple, si vous voyez un serpent s'enfonçant sous terre, cela peut symboliser une période de transition et de changements, tandis qu'un serpent venimeux peut avertir d'une trahison.

Si vous comptez vous lancer sérieusement dans la divination des rêves, cela pourrait être bénéfique de vous préparer par un bain purifiant magique ou une courte période de méditation avant de vous coucher. Videz-vous l'esprit autant que possible et concentrez-vous sur ce dont vous voulez rêver. Pour mettre toutes les chances de votre côté, vous pouvez glisser un sac d'enchantements pour les rêves sous votre oreiller avant de vous coucher.

....

....

....

Sac d'enchantements pour les rêves

Vous pouvez soit utiliser un petit sac à cordons coulissants, soit confectionner un sachet de la manière suivante : cousez trois des quatre côtés de deux morceaux de tissu superposés, remplissez-le, puis cousez le dernier côté afin de former un oreiller minuscule. L'herbe la plus couramment utilisée pour les tâches oniriques est l'armoise, mais vous pouvez également recourir à la lavande, au romarin, à la camomille, à la mélisse officinale, au houblon et même à la cataire (mais si votre chat dort avec vous, peut-être allez-vous devoir vous battre pour qu'il ne s'empare pas de votre sac d'enchantements). Certaines personnes aiment également y glisser une pierre précieuse : l'améthyste, le lapis-lazuli et le cristal de quartz sont idéaux. Mettez les herbes (et une pierre si souhaité) dans le sac, puis glissez-le sous votre oreiller avant de dormir.

** À faire : réaliser mon propre jeu de symboles oghams !*

DIEUX ET DÉESSES

Il ne fait nul doute que le côté le plus personnel de la pratique de la sorcellerie est axé sur le culte du Dieu et de la Déesse. Ou parfois seulement d'une déesse spécifique, selon la sorcière. Ou, d'autres fois, de plusieurs dieux et déesses. En fin de compte, le choix des herbes ou de la couleur de bougie que vous utilisez pour un sortilège est bien moins important que ce vers quoi vous orientez votre foi.

Le livre des ombres peut servir à rendre compte de l'exploration de différents panthéons ou des recherches sur diverses déités. Il peut être l'endroit où vous notez les symboles et les signes qui vous apparaissent (aussi bien dans la vie de tous les jours que dans vos rêves) qui pourraient témoigner d'un lien avec une déesse ou un dieu particulier. Il pourrait également contenir vos interactions avec les déités, vos invocations utilisées pour appeler le Dieu ou la Déesse, et bien plus encore.

Vous pouvez utiliser les pages de journal de bord de ce chapitre à ces fins ou pour noter n'importe quelles autres informations vous paraissant pertinentes.

Certaines sorcières vénèrent un panthéon (l'ensemble des déités issues d'une même culture) spécifique. D'autres vouent un culte à diverses déités envers lesquelles elles ressentent un lien. Il n'est pas non plus nécessaire de choisir une déité spécifique. Certaines personnes se contentent d'invoquer un dieu et une déesse de manière générale, et c'est très bien ainsi.

Personnellement, j'invoque souvent un dieu et une déesse générique, et occasionnellement une divinité particulière lorsque le moment me semble propice.

Si vous pratiquez la sorcellerie depuis un certain temps, vous connaissez probablement déjà les réponses à ces questions. Mais si vous commencez tout juste ou qu'il vous semble que votre pratique a besoin de changement et d'évolution, il peut être idéal de commencer par déterminer quels dieux vous intéressent. Il y a différentes façons de procéder. Vous pouvez vous intéresser aux dieux en fonction de leur panthéon (la culture dont ils proviennent) et/ou des caractéristiques qui leur sont associées, ou bien vous pouvez déterminer dans quels domaines de votre vie vous avez le plus besoin d'une force supérieure à vous-même. Vous pourriez avoir envie de vénérer les dieux d'un panthéon lié à la culture dans laquelle vous êtes né, ou d'une culture qui vous attire. Cela peut également changer au fil du temps et de votre pratique.

Tendez l'oreille lorsqu'ils s'expriment

Parfois, il faut aller chercher le dieu ou la déesse qu'on est censé vénérer. D'autres fois, ce sont eux qui viennent nous chercher. Il est possible qu'ils vous envoient des signes et symboles de manière répétée ou qu'ils surgissent dans vos rêves ou méditations. Si vous n'y prêtez pas attention, vous pouvez facilement rater ces messages. Gardez le silence et guettez toute voix venant de l'extérieur.

Dieux et déesses par attributs

Pour trouver une déité qui vous parle, vous pouvez en chercher une dotée d'attributs qui vous attirent ou qui répondent à un de vos besoins. À différentes périodes de notre vie, nous pouvons être attirés par des dieux associés à l'amour, à l'abondance, à la force ou à la sagesse. La plupart des dieux et déesses possèdent plusieurs attributs ; paradoxalement, de nombreuses déesses de l'amour sont également déesses de la guerre. (En fait, peut-être que ce n'est pas si étonnant que ça. Les relations amoureuses, ce n'est pas évident !)

Cependant, tout comme les humains, les déités sont davantage que leurs caractéristiques. Elles sont compliquées et possèdent de multiples facettes. On ne peut pas se contenter de dire : « OK, c'est marqué qu'Éros est un dieu de l'amour ; c'est lui que je vais vénérer. » Éros est principalement associé à l'amour jeune, au désir sexuel et à la passion. Si vous cherchez un dieu qui vous aidera à trouver ou entretenir un amour mature, stable et romantique, vous devriez probablement aller chercher ailleurs.

Mais puisque nous voulons que notre livre des ombres soit un guide pratique de la sorcellerie, pour commencer, voici une liste des attributs que vous pourriez chercher.

Amour

Besoin de réaliser un sort pour faire venir l'amour dans votre vie, encourager l'amour, raviver la flamme ou arranger les choses avec un proche ? Voici quelques déités liées à l'amour sur lesquelles vous devriez vous renseigner :

- Aengus
- Aphrodite
- Astarté
- Bastet

- Cupidon
- Éros
- Freyja
- Hathor
- Inanna/Ishtar
- Isis

Sagesse/Savoir

Qui n'a pas besoin d'un petit peu plus de sagesse ? Si vous recherchez le savoir ou le meilleur chemin pour élargir vos horizons, pourquoi ne pas vous renseigner sur l'une de ces déités :

- Athéna
- Cerridwen
- Minerve

Aube/Jeunesse/Printemps

Besoin d'un nouveau départ ou d'un peu d'exubérance juvénile ? Vous voulez célébrer le printemps avec un dieu ou une déesse adapté(e) ? En voici quelques-uns auxquels vous pouvez vous intéresser :

- Éos
- Éostre
- Flore
- Idunn
- Perséphone

Prophétie

Vous êtes en quête de réponses ou bien vous voulez voir ce que l'avenir vous réserve ? Oubliez votre planche de Ouija et tournez-vous plutôt vers ces déités prophétiques :

- Apollon
- Brigit
- Cerridwen
- La Morrigan

Guérison/Paix/Repos

Que tous ceux qui ont besoin de davantage de guérison, de repos ou de paix lèvent la main (je ne sais pas pour vous, mais la mienne touche le plafond). Ces déités pourraient être exactement celles dont vous avez besoin pour vous aider dans votre quête :

- Apollon
- Bélénos
- Brigit
- Eir
- Isis
- Guan Yin
- Morphée
- Nuada
- Rhiannon

Les éléments

Pour entrer en lien avec les éléments ou aspects de la planète sur laquelle nous vivons, pourquoi ne pas vous renseigner sur certains de ces dieux ou déesses ? Cependant, avancez avec prudence, car les dieux élémentaux peuvent parfois être un peu lunatiques !

- Ægir (mer)
- Apollon (soleil)
- Cailleach (tempêtes)
- Gaïa (terre)
- Jupiter (cieux, tonnerre)
- Lugh (soleil)
- Njörd (mer, vents)
- Nox (nuit)
- Nout (ciel)
- Poséidon (mer)
- Râ (soleil)
- Thor (tonnerre, tempêtes)
- Zeus (ciel, tonnerre)

Le foyer

Un petit chez-soi vaut mieux qu'un grand chez les autres, donc si vous voulez vous mettre à protéger le vôtre ou installer un autel dans ce but, vous pourriez avoir envie d'en apprendre davantage sur l'une de ces déesses :

- Brigit
- Héra
- Hestia
- Holle
- Vesta

Animaux/Terres sauvages

Pour nombre d'entre nous, la pratique du paganisme s'accompagne d'un lien à la terre et aux animaux qui l'occupent. Si vous voulez vous rapprocher d'une déité qui partage ce lien à la nature, essayez de vous tourner vers l'une de celles-ci :

- Artémis
- Bastet
- Cernunnos
- Cybèle
- Diane
- Faunus
- Herne
- Pan

Accouchement/Maternité

La Déesse est notre mère à tous sous la plupart de ses formes, mais les déités qui suivent peuvent tout particulièrement être invoquées pour des problèmes en rapport avec l'accouchement et la maternité :

- Artémis
- Bès
- Cérès
- Déméter

Prospérité/Chance/Abondance

Si vous recherchez la prospérité, l'abondance et la chance, la fortune pourra être favorable à ceux qui entrent en lien avec ces déités. N'oubliez pas de demander gentiment !

- Cérès
- Déméter
- Fortuna
- Freyja
- Proserpine
- Saturne
- Le Dagda/Daghda

Travaux manuels/Créativité

Si vous avez besoin d'un coup de main dans vos projets manuels ou créatifs, ces déités sont depuis longtemps associées à ceux qui créent de diverses façons :

- Apollon
- Bragi
- Brigit
- Cerridwen
- Héphaïstos
- Hermès
- Lugh
- Minerve
- Vulcain

Protection

Le travail de protection est l'une des fonctions classiques de la sorcellerie. Si vous devez demander de l'aide à un dieu ou une déesse pour garantir votre sécurité ou celle de vos proches, vous pourriez essayer l'une de ces déités :

- Bastet
- Bès
- Heimdall
- Isis
- Sekhmet
- Thor

Encore une fois, il ne s'agit là que d'une liste très basique. Ainsi, la plupart des dieux et déesses associés à la récolte et à la croissance sont également vénérés pour la prospérité, puisque ces deux domaines étaient étroitement liés pour nos ancêtres païens. Et si vous recherchez une déité à vénérer de manière régulière plutôt qu'à invoquer pour un besoin temporaire, cherchez-en une dont la personnalité tout entière (et non pas une seule caractéristique) vous parle.

Patrons et patronnes

On voit parfois des divinités désignées comme étant « le patron des voleurs » ou « la patronne des tisserands ». Certaines sorcières ont des déités qu'elles considèrent comme leurs propres patrons ou patronnes. Parfois, c'est nous qui les choisissons. D'autres fois, ce sont eux qui nous choisissent. Dans les deux cas, il est possible que vous vénériez une déité principale, même si vous faites parfois appel à d'autres divinités dans des domaines particuliers ou pour des occasions spécifiques. Depuis des années, ma déité patronne est Hécate. Je l'invoque rarement par son nom, mais lorsque j'imagine une déesse, c'est souvent elle que je vois au-dessus de moi. Si vous avez un(e) patron(ne), vous pourriez lui dédier un autel, disposer ses symboles un peu partout dans votre foyer, ou lui faire des offrandes aux occasions importantes.

Déesses de la Lune et des sorcières

Même s'il est vrai que chacun est attiré par ses propres déités (pour peu qu'on soit attiré par des dieux et déesses spécifiques tout court), il est également vrai qu'en sorcellerie moderne, il existe quelques déesses qui ont tendance à être particulièrement vénérées en raison de leur lien aux sorcières, à la magie et à la Lune.

Donc si vous avez besoin d'un point de départ, vous pourriez avoir envie de commencer par ces déesses particulièrement magiques :

Sorcières/Magie : Diane, Freyja, Hécate, Isis.

Lune : Arianrhod, Artémis, Cerridwen, Diane, Hécate, Luna, Séléné *(N.B. : le dieu Thot est lui aussi associé à la Lune).*

Les déesses lunaires sont vénérées de concert avec la Lune, donc vous pourriez les invoquer à la pleine lune ou, pour Hécate, à la lune noire. Les déesses associées à la sorcellerie peuvent être invoquées lors de n'importe quelle tâche magique ou simplement pour obtenir des encouragements, de la protection ou une sensation de pouvoir.

INVOCATIONS DES DÉITÉS ET DES POINTS CARDINAUX

Que vous exécutiez un rituel simple seul dans votre jardin, sous la pleine lune, ou que vous organisiez un grand rassemblement avec trente personnes pour un sabbat, vous aurez probablement envie d'avoir dans votre livre des ombres quelques invocations basiques des points cardinaux et des dieux ou déesses.

Souvenez-vous que toutes les occasions n'exigent pas une telle solennité et que certaines sorcières ne réalisent jamais d'invocations. Mais pour les personnes qui débutent, qui travaillent en groupe ou simplement celles qui aiment le rythme et la grâce de cette partie des rituels, c'est utile d'en avoir quelques-unes à disposition pour différentes occasions.

Invocations des déités

Une invocation est une façon d'appeler un dieu ou une déesse. Elle devrait toujours être effectuée avec respect, puisqu'il s'agit d'une invitation à se joindre à vous dans un rituel, et non pas d'un ordre. Généralement, on allume une bougie pour invoquer les dieux, mais aucune règle ne vous y oblige. Si vous comptez en utiliser, des bougies de couleur blanche sont toujours appropriées, mais vous pouvez aussi en choisir des jaunes ou or pour le Dieu et des blanches ou argent pour la Déesse. Si une déité est associée à une couleur spécifique (telle que le noir pour Hécate ou le vert pour n'importe quel dieu de la forêt ou de la nature), vous pouvez prendre celle-ci.

Il y a des invocations basiques pouvant être employées avec n'importe quelle déité, dans n'importe quel but, et il en existe d'autres, propres à certains dieux ou occasions. Un livre des ombres peut contenir à la fois des invocations plutôt générales et d'autres, écrites par la sorcière pour sa divinité patronne ou bien pour des rituels de sabbats qui font appel à certaines déités, etc.

Le livre des ombres de Blue Moon Circle contient le déroulement de tous les rituels que nous avons accomplis au fil des années, y compris les invocations des dieux et des points cardinaux que nous avons utilisées au cours de ces rituels. Certaines invocations peuvent n'être employées qu'une seule fois, et d'autres, plus générales, peuvent être exploitées encore et encore. Lorsque j'organise un rituel de dernière minute ou que je suis fatiguée, elles me sont d'une aide précieuse.

Si vous ne souhaitez pas ou n'avez pas besoin d'invoquer un dieu ou une déesse spécifique, vous pouvez recourir à une invocation générale. Par exemple, vous pourriez allumer une bougie à la pleine lune et dire : « Grande Déesse, je viens devant toi en cette occasion, ta nuit de la pleine lune, et je te demande de m'accorder ta force et ta bénédiction. » (Remarquez qu'à la pleine lune, on a tendance à invoquer une déesse et pas un dieu.)

Vous voyez ? Simple, mais tout de même très efficace. Pour ce qui est des déités spécifiques, vous pourriez les invoquer par leur nom, éventuellement en mentionnant leur titre ou leurs attributs, par exemple : « Je te salue, Thor, dieu du Tonnerre, seigneur de l'Éclair. » Vous voyez ce que je veux dire. À un sabbat tel qu'Imbolc ou Samhain, si vous n'invoquez pas un dieu ou une déesse génériques, vous ferez probablement plutôt appel à des déités liées à ces fêtes, telles que Brigit pour Imbolc et Hécate pour Samhain. Vous pouvez également invoquer votre propre déité (si vous en avez une) à toutes ces occasions.

Voici quelques exemples, mais n'hésitez pas à ajouter les vôtres sur les lignes en pointillés.

Invocations générales

Grande Déesse, grand Dieu,
joignez-vous à moi dans mon rite magique et
veillez sur moi pendant que j'œuvre ce soir.

Dieu et Déesse vifs et sages,
venez à moi et aidez-moi à réaliser ma magie.
Guidez mes mots et mes actions et
accordez-moi votre aide. Ainsi soit-il.

Invocations de la Déesse pour la pleine lune (version solo)

Grande Déesse, dame de la lune brillante et des marées changeantes, j'appelle ton nom. En cette nuit de pouvoir, je viens devant toi pour pratiquer mon art. Fais luire la lumière sur mon cercle créé avec amour et accorde-moi ta force et ta grâce. Bienvenue et sois bénie.

Ô toi qui brilles, je te salue. Moi, ta fille/ton fils, je t'invoque en cette nuit et te demande de me bénir par ta présence. Viens à moi, Mère de Tous ! Sois présente auprès de moi !

Invocation de groupe pour la pleine lune

Grande Dame, nous nous sommes réunis pour réaliser notre magie en ton nom. Dans un amour parfait et une confiance parfaite, nous nous sommes rassemblés pour ne faire plus qu'un. Dans un amour parfait et une confiance parfaite, nous te demandons de te joindre à nous. Ainsi soit-il !

Invocation de la Déesse pour la nouvelle lune/lune noire

Grande Déesse, dans l'obscurité des espaces silencieux, je t'appelle ! Viens à moi en cette nuit et remplis le silence de ta sagesse et ma magie de ta puissance. Honore-moi de ta présence. Bienvenue et sois bénie.

Invocation de multiples déesses

Il est également possible de la réaliser en psalmodiant les noms des déesses, puisque c'est là une psalmodie courante.

Isis, Astarté, Diane, Hécate, Déméter, Kali, Inanna !
Isis, Astarté, Diane, Hécate, Déméter, Kali, Inanna !
Mes déesses, je vous invoque !
Mes déesses, entendez-moi !
Mes déesses, soyez avec moi !
Isis, Astarté, Diane, Hécate, Déméter, Kali, Inanna !

Invocations du Dieu et de la Déesse pour les sabbats

Imbolc

(Version générale) *Grande Déesse qui fais s'éveiller la Terre, je te salue et t'accueille dans mon rite d'Imbolc. Grand Dieu qui réveilles les animaux et fais revenir le Soleil, je t'accueille dans mon rite d'Imbolc. Bienvenue et soyez bénis.*

(Version spécifique) *Brigit bénie, déesse des Arts de la forge, de la Poésie et de la Guérison, je t'invoque. Toi qui es le feu de la création, la lumière dans l'ombre et la chaleur dans le froid, je t'appelle et t'accueille dans mon cercle.*

Grand Herne, seigneur des animaux, protecteur de la forêt, gardien des lieux sombres. Toi qui nous rappelles qu'il y a toujours de la lumière dans l'obscurité, je t'appelle et t'accueille dans mon cercle.

Équinoxe de printemps

(Version générale) *Grande Déesse, grand Dieu, vous vous êtes libérés de la prison glaciale de l'hiver. Maintenant a lieu le reverdissement du monde. La vie renaît par ta magie, Déesse de la Terre. Le Dieu s'étire et se lève, d'une jeunesse passionnée, et brûlant de la promesse de jours plus chauds à venir. Joignez-vous à moi ici en ce jour et faites-moi don de la présence de votre énergie.*

(Version spécifique) *J'invoque Éostre, déesse du Printemps. Puisses-tu me rejoindre dans mon cercle et m'aider à épouser l'énergie ainsi que la renaissance* *qu'apporte cette nouvelle saison. Bienvenue et sois bénie !*

J'invoque Zéphyr, dieu des Vents d'ouest, qui depuis bien longtemps annonce l'arrivée du printemps en soufflant l'air tiède et les idées nouvelles. Bienvenue et sois béni !

Beltane

(Version générale) *Grande Déesse qui fais pousser les champs et éclore les fleurs, et dont l'amour nous englobe tous, je t'appelle pour que tu apportes ta joie et ta beauté à mon rituel en célébration de Beltane.*

Grand Dieu, seigneur du Soleil qui brille vivement sur la terre, je t'appelle pour que tu apportes ton énergie et ta vitalité à mon rituel en célébration de Beltane.

(Version spécifique) *Belle Aphrodite, incarnation de l'amour et de la passion, joins-toi à moi en ce jour de célébration joyeuse et accorde-moi ton esprit vif et brillant. Ainsi soit-il.*

Grand Pan, seigneur des bois et roi des créatures sauvages, joins-toi à moi en ce jour de célébration joyeuse et accorde-moi les dons du lien avec le monde ainsi qu'une étincelle de festivités insouciantes.

Solstice d'été

(Version générale) *Grande Déesse, mère de nous tous, qui nous apportes l'abondance et la croissance et fais s'éclore la nature, je t'invoque en ce jour du solstice d'été !*

Grand Dieu, père de nous tous qui es le soleil là-haut et le verdissement des terres, je t'invoque en ce jour du solstice d'été !

(Version spécifique) *Áine bien-aimée, dame de l'été qui apportes la prospérité et l'abondance, partage avec moi tes dons en ce jour de solstice d'été et guide-moi par tes doux conseils. Que ta lumière réchauffe mon cœur et égaie mon humeur. Ainsi soit-il.*

Robuste Bélénos, seigneur du Soleil, dont les rayons puissants apportent guérison et force, partage avec moi tes dons en ce jour de solstice d'été et donne-moi la force de ton énergie. Ainsi soit-il.

Lammas

(Version générale) *Grande Déesse, toi qu'on appelle Déméter, Cérès et Dame du Maïs, apporte-moi ton énergie de croissance et d'abondance en ce jour béni de Lammas.*

Grand Dieu, seigneur des animaux, des champs et de la récolte, apporte-moi ton énergie de croissance et d'abondance en ce jour béni de Lammas.

(Version spécifique) *Je t'invoque, Déméter, dame des céréales, déesse de la Récolte, mère généreuse qui nous fournis subsistance pour notre esprit et nourriture à notre table. Ainsi soit-il.*

Je t'invoque, Lugh, seigneur du Soleil, dieu des Champs, toi qui apportes la lumière, la chaleur et l'abondance.

Sois avec moi à présent tandis que je célèbre ton pouvoir et tes dons. Ainsi soit-il.

Équinoxe d'automne

(Version générale) *Ô Déesse, dame bénie du jour lumineux et maîtresse de la nuit obscure qui équilibres toute la création dans le cercle de tes bras, viens à moi en ce jour d'équilibre et de gloire automnale.*

Ô Dieu, soleil qui complètes la lune de la déesse, dont la force complète sa compassion, dont le masculin complète son féminin, viens à moi en ce jour et montre-moi comment équilibrer tout ce qui se trouve en dedans et en dehors.

(Version spécifique) *Charmante Déméter qui apportes les moissons et fais pousser les céréales, joins-toi à moi dans ce rite tandis que je rends grâce pour la fécondité de cette saison.*

Ô grand Dionysos, dieu du Vin, dieu de la Joie et de la Célébration, joins-toi à moi dans ce rite de remerciements et d'abondance.

Samhain

(Version générale) *Déesse obscure qui règnes sur la nuit et la saison du froid, viens à moi et aide-moi à transpercer le voile afin que je puisse voir clairement et m'adresser à ceux qui sont déjà partis.*

Dieu sauvage qui règnes sur les bêtes et la forêt, viens à moi et accorde-moi ta protection alors que j'emprunte les chemins de l'ombre.

(Version spécifique) *Je t'appelle, Hécate, toi qui es notre aïeule et grand-mère à tous ! Sombre et puissante, tu veilles sur les commencements et les fins. Viens à moi en cette nuit qui est à la fois la fin d'une année et le début d'une autre, et guide mes pas au carrefour de l'année.*

Je t'appelle, Cernunnos ! Seigneur de tout ce qui est sauvage, dieu cornu qui veilles à la fois sur le chasseur et le chassé, veille sur moi en cette nuit où je célèbre Samhain.

Yule/Solstice d'hiver

(Version générale) *Grande Déesse, je t'accueille dans ma célébration du solstice d'hiver et te demande d'apporter ta chaleur ainsi que ta lumière en cette nuit froide et obscure.*

Grand Dieu, je t'accueille dans ma célébration du solstice d'hiver et me réjouis de ton retour, où tu rapportes le soleil.

(Version spécifique) *Mère Holle, gardienne du foyer, veille sur moi et les miens en ce jour du solstice d'hiver. Bienvenue et sois bénie.*

Roi Houx, je te remercie d'avoir régné sur la dernière moitié de l'année et pour les cadeaux que tu m'as apportés, et j'accueille ton frère, le Roi Chêne, qui s'apprête à régner à son tour sur la saison à venir. Soyez tous deux bénis.

Invocation multi-usage

Grande Déesse/grand Dieu, je te salue et t'accueille au sein de mon cercle sacré. Bienvenue et sois béni(e).

Invocations des points cardinaux

Les invocations des points cardinaux sont une façon d'inviter les pouvoirs des quatre points cardinaux : nord, est, sud et ouest. Dans la plupart des pratiques modernes, ils sont reliés à des éléments, caractéristiques et couleurs spécifiques, souvent mentionnés pendant l'invocation des points cardinaux, comme vous allez le voir dans les exemples ci-dessous. On invoque les points cardinaux pour qu'ils nous protègent et veillent sur notre espace magique, et pour qu'ils nous accordent leurs dons.

La plupart des sorcières invoquent les points cardinaux dans le cadre de leur création de cercle au début des rituels solennels. D'autres invoquent les points cardinaux même pour des tâches mineures. À vous de décider, mais comme beaucoup de choses en sorcellerie, si vous commencez tout juste et que vous peinez encore à maintenir votre concentration, cette étape pourrait vous aider. N'oubliez pas que si vous invoquez les points cardinaux au début d'un rituel, vous devez leur donner congé à la fin. Il n'y a rien de bien compliqué à congédier les points cardinaux. Vous pouvez dire plus ou moins ce que vous avez dit au début, mais au lieu de les inviter à se joindre au rituel, vous les remerciez d'être venus, ou bien vous reconnaissez simplement leur présence et vous leur dites merci. Tout comme quand on invoque le Dieu et/ou la Déesse, on allume généralement des bougies pour invoquer les points cardinaux.

Les quatre points cardinaux et leurs associations

Pour la plupart des wiccans et de nombreuses sorcières modernes, les associations des quatre points cardinaux sont les suivantes :

EST : l'élément de l'Air. Couleur jaune. Esprit, intellect, pensées, idées, savoir, communication. L'Air est aussi bien une douce brise de printemps qu'une tornade déchaînée. Peut être représenté par de l'encens ou de la sauge (n'importe quel ingrédient produisant de la fumée) ou bien par une plume. Également associé à l'aube et au printemps.

SUD : l'élément du Feu. Couleur rouge ou orange. Passion, courage, énergie, créativité. Le Feu est aussi bien des charbons ardents ou des flammes vacillantes que des volcans en éruption. Généralement représenté par une bougie, mais vous pouvez également utiliser des bougies LED (s'il vous est impossible d'allumer une véritable flamme là où vous vous trouvez) ou même un morceau de charbon ou d'obsidienne. Également associé à midi et à l'été.

OUEST : l'élément de l'Eau. Couleur bleue. Émotions, intuition, guérison, purification. L'Eau est aussi bien des étangs, des lacs, des fleuves ou des océans que des gouttes d'eau ou des pluies torrentielles. Représenté par de l'eau, généralement dans un bol ou calice, mais vous pouvez également recourir à un coquillage. Également associé au crépuscule et à l'automne.

NORD : l'élément de la Terre. Couleur verte ou marron. Ancrage, monde matériel, prospérité, croissance, le corps physique. La Terre est aussi bien les champs, les forêts ou le sol sous vos pieds que la Terre elle-même. Le nord est souvent représenté par une pierre ou un cristal, mais parfois aussi par du sel. Également associé à minuit et à l'hiver.

Les différentes caractéristiques des quatre points cardinaux sont souvent exploitées dans la création des invocations, mais selon vos désirs, cela peut prendre une forme simple ou complexe. Par exemple, à son plus basique, une invocation des points cardinaux peut être aussi directe que : « J'appelle l'esprit de l'Air. » Certaines personnes désignent les points cardinaux comme des « tours de guet », donc vous pourriez également dire : « J'appelle la tour de guet de l'est, le pouvoir de l'Air. » Sinon, vous pourriez réaliser des invocations des points cardinaux propres à la période de l'année ou à l'occasion, par exemple une pour chacun des sabbats.

Invocation basique des points cardinaux avec congédiement

EST : « J'appelle l'esprit de l'est, l'élément de l'Air, et je te demande de me protéger par le pouvoir de la tempête soudaine et de me maintenir en sécurité avec la douceur de la brise du soir. »

Air, élément de l'est, je te remercie pour ta protection et te donne congé.

SUD : « J'appelle l'esprit du sud, l'élément du Feu, et je te demande de me protéger par le pouvoir de la flamme dévorante et de me réchauffer avec les braises qui s'éteignent doucement. »

Feu, élément du sud, je te remercie pour ta protection et te donne congé.

OUEST : « J'appelle l'esprit de l'ouest, l'élément de l'Eau, et je te demande de me protéger par le pouvoir des vagues de l'océan et de me maintenir en sécurité comme les eaux de la mère dont nous sommes tous issus. »

Eau, élément de l'ouest, je te remercie pour ta protection et te donne congé.

NORD : « J'appelle l'esprit du nord, l'élément de la Terre, et je te demande de me protéger par la force de la terre sous mes pieds et de m'enlacer tel le terreau qui nourrit la plus petite des graines. »

Terre, élément du nord, je te remercie pour ta protection et te donne congé.

Invocation des points cardinaux pour le printemps

EST : « J'appelle la tour de guet de l'est, esprit d'Air. Aide-moi à conserver mon esprit lucide et ouvert et fais venir les vents du changement positif. À présent, viens et garde mon cercle. »

Esprit de l'Air, je te remercie pour ta présence au sein de mon cercle. Tu es libre de t'en aller, bien que ton essence soit toujours avec moi. Sois béni.

SUD : « J'appelle la tour de guet du sud, esprit de Feu. Élément de passion et de transformation, aide-moi à faire les choix qui mèneront à une meilleure santé et une plus grande réussite dans les mois à venir. À présent, viens et garde mon cercle. »

Esprit du Feu, je te remercie pour ta présence au sein de mon cercle. Tu es libre de t'en aller, bien que ton essence soit toujours avec moi. Sois béni.

OUEST : « J'appelle la tour de guet de l'ouest, esprit d'Eau. Ouvre mon cœur à l'amour, mon corps à la guérison et mon esprit aux conseils sages de l'intérieur et du dehors. À présent, viens et garde mon cercle. »

Esprit de l'Eau, je te remercie pour ta présence au sein de mon cercle. Tu es libre de t'en aller, bien que ton essence soit toujours avec moi. Sois béni.

NORD : « J'appelle la tour de guet du nord, esprit de Terre. Nourris-moi et ancre-moi ; aide-moi à me connecter à toute la force dissimulée en moi. À présent, viens et garde mon cercle. »

Esprit de la Terre, je te remercie pour ta présence au sein de mon cercle. Tu es libre de t'en aller, bien que ton essence soit toujours avec moi. Sois béni.

Invocation des points cardinaux pour l'été

EST : « J'appelle et invoque l'est, pouvoir d'Air. Viens me rejoindre dans mon cercle, apportant le son des rires et une douce brise estivale qui emportera tous mes soucis. Bienvenue et sois béni. »

SUD : « J'appelle et invoque le sud, pouvoir de Feu. Viens me rejoindre dans mon cercle, apportant passion et chaleur. Bienvenue et sois béni. »

OUEST : « J'appelle et invoque l'ouest, pouvoir d'Eau. Viens me rejoindre dans mon cercle, apportant la souplesse et lavant la peur et la négativité. Bienvenue et sois béni. »

NORD : « J'appelle et invoque le nord, pouvoir de Terre. Viens me rejoindre dans mon cercle, apportant la force, et m'ancrant pour la journée à venir. Bienvenue et sois béni. »

Invocation des points cardinaux pour l'automne

EST : « J'appelle la tour de guet de l'est, le pouvoir de l'Air, pour qu'elle chasse la confusion comme les feuilles tombées et qu'elle apporte la lucidité par les puissants vents d'automne. »

SUD : « J'appelle la tour de guet du sud, le pouvoir du Feu, pour qu'elle consume la peur et l'obscurité et qu'elle apporte la chaleur et la lumière d'un feu de joie d'automne. »

OUEST : « J'appelle la tour de guet de l'ouest, le pouvoir de l'Eau, pour qu'elle lave le stress et les tensions et qu'elle apporte la sérénité et la paix par les pluies qui purifient. »

NORD : « J'appelle la tour de guet du nord, le pouvoir de la Terre, pour qu'elle m'ancre et me recentre par les terres qui changent en permanence et qui pourtant demeurent toujours les mêmes. »

Invocation des points cardinaux pour l'hiver

Cette invocation pourrait être adaptée pour Imbolc, par exemple, ou pour n'importe quelle pleine lune hivernale.

EST : « Je regarde vers l'est et j'invoque le pouvoir de l'Air - des brises froides qui glacent le corps, mais qui effacent les toiles d'araignées de l'année écoulée. Avec l'arrivée de la lumière, puisses-tu m'apporter lucidité et créativité. »

SUD : « Je regarde vers le sud et j'invoque le pouvoir du Feu - de la chaleur du foyer qui m'abrite du froid hivernal dehors. Avec l'arrivée de la lumière, puisses-tu m'apporter la passion pour réchauffer ma vie dans les saisons à venir. »

OUEST : « Je regarde vers l'ouest et j'invoque le pouvoir de l'Eau - des cristaux d'eau parfaits gelés en neige, tous uniques. Avec l'arrivée de la lumière, puisses-tu m'aider à être plus à l'aise vis-à-vis de ma propre individualité. »

NORD : « Je me tourne vers le nord et j'invoque le pouvoir de la Terre - à présent gelée sous mes pieds, mais, dissimulées, encore invisibles, les prémices de la vie se préparent pour la tiédeur à venir. Avec l'arrivée de la lumière, puisses-tu m'aider à donner naissance aux graines des nouveaux commencements qui reposent en moi. »

N.B. : toutes ces invocations peuvent être modifiées et adaptées à l'occasion pour laquelle vous souhaitez les utiliser. Vous pouvez également vous servir d'elles comme inspiration pour créer vos propres invocations des points cardinaux, que vous pouvez noter dans ce chapitre.

Congédiement classique

L'une des façons les plus simples et traditionnelles de donner congé aux points cardinaux ou de dire au revoir au dieu et à la déesse à la fin d'un rituel est la suivante : « Restez si vous le souhaitez, partez si vous le devez ; dans un amour parfait et une confiance parfaite. Ainsi soit-il. »

SORTILÈGES

Traditionnellement, la partie la plus précieuse d'un livre des ombres était sa collection de sortilèges. On pouvait tenir certains d'entre eux d'un mentor, d'une grande prêtresse ou même d'un membre de sa famille, et avoir créé les autres nous-mêmes. De nos jours, les livres des ombres peuvent même contenir des sortilèges piochés dans des livres ou sur Internet.

Quelle que soit leur provenance, ces sortilèges sont le noyau de la pratique de chaque sorcière, bien plus importants qu'une liste d'herbes ou de pierres. C'est le vrai trésor des sorcières. Jadis, on les partageait rarement avec des personnes extérieures à son coven, mais de nos jours, la plupart d'entre nous n'hésitent pas à communiquer les sortilèges que nous utilisons à ceux qui pourraient en avoir besoin.

Il existe plusieurs sortilèges généraux que la majorité des praticiens de la magie aiment avoir dans leur répertoire. Ils appartiennent aux catégories les plus répandues, parmi lesquelles la guérison, la protection, la prospérité et l'amour, mais il n'y a aucune limite aux domaines pour lesquels on peut écrire des sortilèges. J'ai écrit un livre de sortilèges comprenant des sorts pour faire fuir les crétins (très utile pour les conférences) et pour apprendre la propreté aux enfants. Quel que soit votre besoin, vous pouvez trouver un sortilège qui vous aidera à y répondre.

N'oubliez pas que bien qu'ils puissent avoir un effet remarquable, les sortilèges nécessitent malgré tout votre concentration, votre énergie et une intention d'aller au bout des choses une fois que la magie a été effectuée. Mais ils peuvent donner un coup de pouce magique à vos efforts terre à terre, et c'est parfois ce qui fait toute la différence.

Quelques règles

Dans l'ensemble, les sorcières modernes n'ont qu'une seule règle ; le *Rede* wiccan : « tant que nul n'est lésé, fais ce que tu veux » – mais même cette règle ne met pas tout le monde d'accord. Je pense néanmoins qu'il y a quelques règles que les sorcières éclectiques devraient suivre lorsqu'elles jettent des sorts :

- Ne lésez personne. Même si vous pensez que c'est acceptable de causer du mal par vos tâches magiques, gardez à l'esprit que vous risquez un retour karmique. Ne le faites pas.
- Ne lancez jamais un sort qui va affecter quelqu'un d'autre (positivement ou négativement) sans sa permission. Le libre arbitre est un principe important en sorcellerie moderne, et, admettons-le, vous n'auriez pas envie que quelqu'un vous jette un sort !
- Ne lancez pas de sort pour vous amuser ou faire étalage de vos talents. La magie peut (et devrait) être quelque chose d'amusant, mais c'est aussi une affaire sérieuse avec laquelle on ne doit pas plaisanter.

Ne vous inquiétez pas si vous ne vous sentez pas à l'aise pour écrire vos propres sortilèges. Tout le monde n'est pas doué avec les mots. Toutefois, ne vous laissez pas non plus intimider par cette idée. Ce n'est vraiment pas difficile, et un sortilège n'a pas besoin d'être parfait tant qu'il fait ce que vous voulez qu'il fasse. Les sortilèges ne doivent pas forcément rimer ni être longs (mais si tel est votre souhait, donnez-vous-en à cœur joie !). Ils doivent simplement venir du cœur. De nombreuses sorcières aiment avoir recours à des ingrédients supplémentaires, tels que les herbes, pierres, bougies, huiles et symboles mentionnés dans les chapitres précédents. Ces éléments peuvent vous aider à affûter votre concentration lorsque vous les disposez et donner un coup de fouet à l'énergie de votre sortilège en renforçant vos intentions. Néanmoins, ils sont facultatifs, et vous pouvez décider vous-même du nombre et de la nature de ceux que vous désirez utiliser. Souvent, les sortilèges les plus simples sont prononcés à voix haute, accompagnés uniquement de votre croyance. Cependant, si vous voulez travailler sur quelque chose d'important, vous pourriez avoir envie d'ajouter certains de ces éléments bonus. Consultez la partie correspondante de ce livre et trouvez ceux qui vous plaisent le plus (ou prenez ceux que vous avez déjà chez vous !).

En outre, vous pouvez déterminer si vous souhaitez créer un cercle de manière solennelle, invoquer une déesse et/ou un dieu ainsi que les points cardinaux. Si vous visez un but associé à une déesse spécifique (l'amour et Aphrodite, par exemple), vous pourriez avoir envie d'invoquer cette déité. Si vous avez un patron ou une patronne, c'est probablement la divinité que vous invoquerez. Certaines sorcières éclectiques se contentent de dire « dieu et déesse » ou d'invoquer « les pouvoirs de l'univers », et c'est très bien aussi.

Check-list pour les sorts

Voici une liste basique de points auxquels vous pourriez avoir envie de réfléchir lorsque vous jetez un sortilège. Vous pouvez vous en servir pour vous préparer, que vous ayez recours à un sortilège écrit par un tiers ou par vous-même. Si vous tenez un registre des sortilèges que vous jetez, ce sont là différents éléments que vous pourriez avoir envie de noter, en plus d'écrire si le sortilège a réussi ou non.

OBJECTIF : l'objectif est ce que vous essayez de réaliser grâce à votre sort. Il est important qu'il soit aussi clair que possible dans votre esprit lorsque vous choisissez ou écrivez un sortilège, sans quoi vous avez moins de chances d'obtenir le résultat souhaité.

MOMENT : allez-vous exécuter le sortilège à la pleine lune ? La nuit ou en journée ? À une date ou fête particulière ? Parfois, le moment importe peu ; d'autres fois, il est crucial.

DIEU/DÉESSE/DÉITÉ : allez-vous adresser votre sortilège à quelqu'un ou demander à une divinité de vous aider à atteindre votre objectif, et si oui, de qui s'agit-il ?

ÉLÉMENTS FACULTATIFS : ce sont les ingrédients que j'ai mentionnés plus haut, tels que les herbes et les cristaux. Dressez la liste de ceux que vous comptez utiliser pour renforcer votre tâche magique. Si vous comptez employer des symboles que vous ne maîtrisez pas très bien, envisagez de les noter sur un papier en amont.

LE SORTILÈGE : bien que certaines personnes arrivent à créer des sortilèges comme ça, sans réfléchir, la plupart d'entre nous préfèrent les rédiger à l'avance. Si vous avez une bonne mémoire, vous pouvez réciter le sortilège par cœur. J'en ai quelques-uns que j'utilise suffisamment souvent ou depuis tant d'années que je n'ai pas besoin de les avoir juste sous les yeux. Mais il n'y a rien de mal à écrire le sortilège ou à le lire dans un livre pour être sûr de ne pas se tromper.

Amour lunaire

La sorcellerie est souvent axée sur les phases de la Lune. On célèbre la Déesse les nuits de pleine lune, et souvent, nos sortilèges s'appuient sur les phases changeantes de la Lune. Même si vous pouvez tout à fait effectuer un sortilège à chaque fois que vous en avez besoin, parfois, la phase de la Lune peut changer votre façon de l'aborder.

Ainsi, la lune décroissante (qui commence le lendemain de la pleine lune et se termine à la lune noire) sert habituellement à réduire, c'est-à-dire à se débarrasser des choses ou à les diminuer. La lune croissante (qui commence le lendemain de la lune noire et prend fin au retour de la pleine lune) sert à augmenter : c'est le moment propice pour réaliser un sortilège afin d'obtenir davantage de quelque chose.

Prenons la prospérité. Si vous travaillez sur ce domaine, vous pourriez effectuer des sortilèges pour vous débarrasser de vos dettes ou de vos mauvaises habitudes de dépense lors de la lune décroissante, puis réaliser des sorts pour faire venir davantage d'argent ou de nouvelles opportunités lors de la lune croissante.

La pleine lune est considérée par de nombreuses personnes comme le moment le plus puissant du mois ; vous pouvez donc réserver vos tâches magiques les plus importantes pour cette période, ou bien simplement en profiter pour entrer en lien avec la Déesse. Quelques sorcières concentrent leur pratique sur la nuit de la pleine lune et n'accomplissent de la magie qu'à ce moment-là. La nouvelle lune et la lune noire peuvent servir à la réalisation de tâches de bannissement ou à de la méditation silencieuse.

Jours de la semaine et magie

Certaines sorcières croient que certains jours sont plus propices que d'autres à certains types de magie. Si vous voulez donner un coup de fouet à vos sortilèges, vous pouvez tenter de les effectuer pendant le jour qui leur est associé.

- **LUNDI :** guérison, paix, sommeil, purification.
- **MARDI :** protection, travail psychique.
- **MERCREDI :** intellect et études, communication, sagesse.
- **JEUDI :** prospérité, affaires et carrière.
- **VENDREDI :** amour, amitié, beauté.
- **SAMEDI :** foyer, protection, bannissement.
- **DIMANCHE :** réussite, pouvoir, spiritualité.

Élémental, mon cher Watson

Les éléments représentent un aspect important de la sorcellerie, et nous les invoquons souvent lors des sortilèges et des rituels. Il existe quatre éléments primaires, dont chacun possède des associations particulières, ainsi que l'Esprit, considéré par certains comme le cinquième élément.

TERRE : nord, minuit et hiver. Corps physique, carrière et argent. Habituellement représentée par le vert et le marron ou, sur un autel, par une pierre, un cristal ou même du sel.

AIR : est, aube et printemps. Idées, communication, relations sociales et intellect. Généralement représenté par la couleur jaune ou, sur un autel, par une plume, de l'encens ou un livre des ombres.

FEU : sud, midi et été. Passion, énergie, créativité. Habituellement représenté par la couleur rouge ou, occasionnellement, par l'orange. Sur un autel, peut être symbolisé par du feu sous n'importe quelle forme, telle qu'une bougie ou un objet rouge vif.

EAU : ouest, crépuscule, automne. Émotions, intuition, purification. Généralement représentée par le bleu ou, sur un autel, par un bol rempli d'eau, un coquillage ou un verre de mer.

ESPRIT : le cinquième élément est celui de l'Esprit. On dit que les cinq pointes du pentacle représentent la Terre, l'Air, le Feu, l'Eau et l'Esprit, et que le cercle qui les entoure symbolise l'unité ou bien l'idée que toutes les choses ne font qu'un. Pour représenter l'Esprit sur votre autel, prenez un pentacle ou n'importe quel objet circulaire.

Quelques sortilèges de base

Il existe certains sorts dont nous aurons quasiment tous plus ou moins besoin à un moment ou à un autre. Par exemple, des sortilèges de guérison, qu'ils soient pour une blessure de courte durée, une longue maladie ou pour un tiers (avec sa permission). Des sortilèges de prospérité, d'amour (mais pas un sortilège d'amour qui irait à l'encontre de la volonté d'autrui, bien entendu : ça ne se fait pas), de protection... Dans ce monde de plus en plus instable, ce dernier point semble particulièrement important.

Voici quelques sortilèges basiques à votre intention. Souvenez-vous que vous pouvez toujours changer la formulation pour que le sortilège corresponde mieux à vos problèmes et désirs personnels. Vous pouvez également ajouter n'importe quel ingrédient mentionné dans les chapitres précédents.

Guérison

J'invoque l'Air pour que par son souffle
il chasse la maladie,
L'Eau pour qu'elle lave l'inconfort et la douleur,
Le Feu pour qu'il brûle ce qui ne fonctionne
plus en ma faveur,
Et la Terre pour m'ancrer tandis que je m'efforce
de parvenir
à la guérison de la meilleure façon possible.
Puissent le Dieu et la Déesse veiller sur moi
et m'aider à aller mieux
Mentalement, physiquement, émotionnellement,
psychiquement.
Je fais appel aux éléments et aux dieux
pour qu'ils m'aident à guérir.
Ainsi soit-il.

Prospérité

Dieu et Déesse, veuillez m'envoyer la prospérité
Sous toutes ses formes positives.
Que l'abondance et la plénitude soient miennes,
Que l'argent et les cadeaux soient miens,
Puissé-je avoir tout ce dont j'ai besoin et assez pour partager
Des manières les meilleures et les plus bénéfiques.
Ainsi soit-il.

Protection

Grand Dieu, père protecteur,
Grande Déesse, Mère de Tous,
Protégez-moi des accidents
et de tout danger qui pourrait survenir,
Protégez-moi de la méchanceté
de ceux qui pourraient me vouloir du mal,
Protégez-moi nuit et jour
par le pouvoir de cet enchantement.

Amour

Je demande à l'univers de m'envoyer de l'amour
à la fois positif et constant
dans la forme qui est la meilleure pour moi,
comme ce sort que je jette maintenant.
De l'amour pour me tenir chaud et me protéger,
De l'amour qui guérit mon cœur,
De l'amour aussi bien reçu que donné
et béni par l'art de la magie.

Bénédiction pour livre des ombres

Certaines sorcières aiment effectuer un sortilège de bénédiction sur leurs nouveaux outils, généralement en même temps qu'elles les consacrent. Voici le sortilège que mon groupe a utilisé pour notre propre livre des ombres, déjà inclus dans mon premier ouvrage, *Circle, Coven & Grove* (Llewellyn, 2007). Pour consacrer un livre des ombres, qu'il s'agisse de cet exemplaire ou d'un livre que vous avez-vous-même créé, vous pouvez le saupoudrer de sel et l'asperger d'eau (afin de symboliser la Terre et l'Eau), le passer dans la fumée d'un bâton de sauge ou d'encens (pour l'Air) puis le tenir prudemment au-dessus de la flamme d'une bougie (pour le Feu). Demandez au pouvoir des éléments ainsi qu'au Dieu et à la Déesse de bénir et de consacrer votre livre pour des tâches magiques positives, puis récitez le sortilège. Il est également possible de se servir uniquement du sort.

Que ce livre soit béni
au nom du Dieu et de la Déesse
qui guident mes pas sur le chemin de la beauté.
Qu'il soit rempli de sages conseils et de savoir.
Puissé-je ne l'utiliser que pour le bien.
Puissé-je le partager avec ceux qui en ont besoin.
Puisse-t-il m'aider à grandir dans mon art
et dans ma vie.
Qu'il en soit ainsi.

Quelques autres sortilèges utiles

Dans un livre de cette taille, il est impossible de couvrir tous les sortilèges dont vous risquez d'avoir besoin, mais en voici quelques autres qui pourraient s'avérer utiles. Les pages de journal de bord peuvent vous servir à écrire d'autres sorts que vous avez dénichés ou créés, ou bien à noter les titres de vos livres de sortilèges ainsi que les numéros des pages où se trouvent vos sortilèges préférés.

Calme et sérénité

Nous vivons dans un monde tumultueux. Qui n'a pas besoin d'un peu plus de sérénité ?

Dieu et Déesse, envoyez-moi la paix.
Que le stress et le bruit s'arrêtent.
Pendant un instant, laissez-moi distinguer
la douce et calme sérénité
au milieu des soucis de toute la planète.
Faites-moi entendre un silence incomparable.
Aidez-moi à trouver mon centre véritable
avant que je ne pénètre à nouveau dans le monde.
Eaux calmes et ciel si bleu,
Aidez-moi à trouver ma paix en vous.

Force

C'est quelque chose dont nous avons tous besoin de temps à autre.

Déesse : mère, guerrière, guérisseuse,
Toi qui es aussi forte que les montagnes,
aussi puissante que les vents qui soufflent,
aussi profonde et infinie que les océans,
Aide-moi à trouver ma propre force tout au fond de moi

et prête-moi la tienne lorsque la mienne vient
à manquer.
Rappelle-moi que je suis un enfant de la Déesse
fort de ton amour et de ta volonté.
Ainsi soit-il.

Sages conseils

Ce sort peut être employé pour nous ouvrir à des conseils venant de notre propre voix intérieure, de ceux qui nous sont proches ou des dieux eux-mêmes. Il peut également être récité avant de se livrer à de la divination, par exemple avant de tirer des cartes de tarot.

Je m'ouvre aux sages conseils de l'univers,
La sagesse déjà présente, qui attend
en moi et en dehors de moi,
Je m'ouvre aux conseils,
J'écoute, je suis tout ouïe. Dites-moi.

Équilibre

Ayez recours à ce sort lorsque vous avez l'impression que votre vie est déséquilibrée ou que vous essayez de trouver un équilibre entre plusieurs domaines (par exemple, entre votre vie professionnelle et votre vie privée ou entre votre famille et vous-même).

Obscurité et lumière, douceur et dureté,
Gauche et droite, éteint et allumé,
Tout n'est qu'équilibre, l'équilibre fait tout.
Aidez-moi à déterminer la bonne mesure,
Aidez-moi à trouver le chemin de la constance,
La stabilité dans le bruit,
ni trop ni trop peu,
L'équilibre tout en douceur.
Obscurité et lumière, lumière et obscurité,
Aidez-moi à trouver la stabilité.

Inspiration et créativité

Ce sortilège peut servir à donner un coup de fouet à votre créativité. Si vous le pouvez, récitez-le juste avant de vous atteler à n'importe quel projet créatif pour lequel vous désirez de l'inspiration.

Comme l'étincelle de la luciole,
furtive et vive,
Puisse l'inspiration illuminer
et éclairer la nuit,
Puisse la créativité s'épanouir
comme la fleur même du cœur,
Afin que je puisse voir avec clarté
par le pouvoir de la créativité.

Bannissement

Par moments, nous avons tous besoin de bannir certaines choses ou personnes de notre vie. Parfois, ces éléments sont externes, et d'autres fois, ils sont au fond de nous. N'oubliez pas que si vous bannissez quelque chose ou quelqu'un, il est possible que vous ne réussissiez pas à le faire revenir ; ce n'est donc pas un acte à prendre à la légère.

Bannissez maintenant, par le pouvoir des sorcières,
ce qui à mon bien est contraire.
Bannissez maintenant et en cette heure
la chose/personne source de mes malheurs.
Bannissez maintenant et à jamais,
positivement, sans hésiter.
Bannissez par cette rime magique
la chose/personne dont l'absence me sera bénéfique.

Sortilège général facile et rapide

Parfois, on a besoin d'un sortilège basique efficace dans presque tous les cas possibles. Lorsque vous êtes pressé, essayez : « Dieu et Déesse, entendez mon appel ; envoyez-moi ce dont j'ai besoin. »

Kits à sortilèges

Un kit à sortilège est simplement l'ensemble des ingrédients d'un sortilège spécifique réunis pour qu'ils soient prêts à être utilisés lorsque vous en avez besoin. Vous pouvez mettre votre kit dans une boîte élégante ou dans un joli sac à cordons coulissants (j'aime utiliser des sacs en organza pour savoir ce qui est à l'intérieur), voire dans un grand sac en papier ou sachet congélation, si c'est davantage votre style. L'idée est d'avoir un kit d'outils magiques (ou plusieurs) prêt(s) pour ces moments où vous avez envie ou besoin d'effectuer une tâche magique, mais où vous n'avez pas le temps d'aller fouiller dans vos fournitures pour trouver les ingrédients nécessaires.

Selon la façon dont vous exécutez vos sorts, votre kit à sortilège pourrait contenir divers éléments. Dans les miens, je mets généralement trois variétés d'herbes, deux ou trois petites pierres de différentes sortes, un mini-cierge d'une couleur adaptée au type de tâche prévu pour ce kit, un bâton de sauge, un sachet de sel de mer et un papier sur lequel est rédigé le sortilège que j'emploierai. Si vous voulez être vraiment préparé, vous pourriez également inclure des bougies pour les points cardinaux ou pour le Dieu et la Déesse, un bougeoir, des allumettes, une fiole d'huile magique... les possibilités sont infinies.

J'aime avoir à disposition un kit à sortilège pour l'amour, un pour la prospérité, un pour la guérison et la paix, et un pour la protection et la force. Ayez recours aux sorts de ce livre ou bien remplacez-les par des sortilèges que vous avez composés vous-même ou par vos sortilèges préférés écrits par des tiers.

KIT D'AMOUR : romarin, lavande, cannelle. Améthyste et quartz rose. Une bougie rose. Le sortilège ci-dessous. En règle générale, je n'aime pas les sortilèges d'amour qui peuvent influencer le libre arbitre d'autrui, donc j'ai recours à un sortilège qui n'affecte que la personne qui le lance. Extrait de *Everyday Witch A to Z Spellbook* (Llewellyn, 2010).

Je demande à la Lune et aux étoiles du ciel
d'ouvrir mon cœur à l'amour inconditionnel.
Après lui je ne vais ni m'essouffler ni courir,
Mais je m'ouvre grand à l'amour et aux rires.
Je suis plein d'espoir et enclin
à m'ouvrir aux avances des soupirants,
Mais pendant que j'attends un amour vrai,
de moi-même je me satisferai.
Rempli d'une lumière vive et de joie,
Je me défais de tout ce qui se dresse sur ma voie
et ouvre mon cœur à qui un jour restera.

KIT DE PROSPÉRITÉ : basilic, cannelle, aneth. Aventurine, quartz vert, œil-de-tigre. Une bougie verte. Ce sortilège :

Dieu et Déesse, entendez ma supplication.
Apportez-moi à présent l'abondance,
Que foisonnent les bénédictions
et que de bonnes choses parviennent à toutes mes connaissances.
Envoyez-moi ce que je désire,
Aidez-moi à toujours plus m'élever,
Dirigez mes pas, que je puisse réussir
et connaître la véritable prospérité.

KIT DE GUÉRISON ET DE PAIX : romarin, calendula, lavande. Cristal de quartz, sodalite, quartz rose. Une bougie bleue. Ce sortilège :

Dieu et Déesse,
Accordez-moi la guérison
du corps, de la tête, du cœur et de l'esprit.
Envoyez-moi votre énergie curative
pour réparer ce qui est brisé,
recentrer ce qui est déséquilibré
et apaiser ce qui est douloureux.
Ainsi soit-il.

KIT DE PROTECTION ET DE FORCE : romarin, aneth, persil. Cristal de quartz, onyx noir, jaspe rouge. Une bougie noire. Ce sortilège :

Dieu et Déesse,
Je vous invoque pour que vous me protégiez
de tous les dangers,
Qu'ils soient de l'homme ou naturels,
intentionnels ou accidentels,
de l'intérieur ou de l'extérieur.
Est, pouvoir d'Air,
Je t'invoque pour que tu souffles sur le danger
et que tu me protèges du mal.
Sud, pouvoir de Feu,
Je t'invoque pour que tu me gardes par un mur de flammes
et que tu me protèges de tous les maux.
Ouest, pouvoir d'Eau,
Je t'invoque pour que tu m'encercles d'une rivière de sécurité
et que tu me protèges de tous les maux.
Nord, pouvoir de Terre,
Je t'invoque pour que tu m'ancres par la force des pierres
et que tu me protèges de tous les maux.
Je suis protégé.
Je suis protégé.
Je suis protégé.
Ainsi soit-il.

RITUELS

Les rituels sont le cadre que l'on construit autour d'un sortilège ou d'une tâche magique. Cela ne signifie pas forcément quelque chose de compliqué ou de long. Par exemple, si pour célébrer la pleine lune, vous allez dehors, vous allumez une bougie et vous prononcez quelques mots à l'intention de la déesse, puis vous attendez en silence qu'elle vous réponde avant de souffler la bougie, eh bien, c'est un rituel. Un rituel très simple, peut-être, mais doté de sens et de poids.

À l'inverse, il existe des rituels qui impliquent plusieurs participants jouant chacun un rôle, un grand prêtre et une grande prêtresse, une création solennelle de cercle, une invocation des points cardinaux et des dieux, et ainsi de suite. Entre ces deux extrêmes, on trouve toutes sortes de rituels.

Le genre de rituel que vous effectuez (si tant est que vous en accomplissiez) dépend de votre situation et de l'occasion en question. Quand je suis seule, j'ai tendance à faire très simple, sauf s'il s'agit d'une tâche magique très importante à laquelle je veux donner un peu plus d'énergie, auquel cas il peut m'arriver de réaliser un rituel solennel complet. Lorsque j'effectue de la magie avec Blue Moon Circle, nous exécutons presque toujours un rituel solennel complet, car nous nous sommes rendu compte que cela nous aidait à rassembler notre énergie pour travailler de concert vers un même but.

Il n'y a pas de bonne ou de mauvaise façon d'accomplir un rituel, du moment que vous ne mettez pas involontairement le feu à des objets, que vous ne sacrifiez pas la poule chérie du voisin ou que vous ne faites pas d'autres bêtises, quelles qu'elles soient. Par conséquent, il s'agit uniquement de trouver le type de rituel le plus adapté pour vous à n'importe quel moment donné.

Check-list pour les rituels

Comme la check-list pour les sorts dans le chapitre précédent, cette liste peut vous aider à déterminer les éléments de rituel que vous souhaitez utiliser. Commencez par la sorte de tâche que vous comptez réaliser, ainsi que par votre situation et vos préférences personnelles. Cela va vous aider à choisir le genre de rituel (simple ou plus solennel) qui fonctionnera le mieux selon vous.

- En solo ou en groupe. Les rituels de groupe sont habituellement plus solennels.
- Occasion spéciale (généralement solennel) ou pratique ordinaire (aussi simple ou complexe que vous en avez envie).
- Difficulté/importance de la tâche magique. Un banal sort de prospérité n'aura peut-être pas du tout besoin d'un rituel, tandis qu'un sortilège pour résoudre une crise pourrait profiter d'un peu plus de solennité.
- Moment et lieu. Avez-vous le temps d'effectuer un rituel assez long ou devez-vous vous cantonner aux 5 minutes de temps libre dont vous disposez pendant que votre moitié va faire un tour ou que les enfants jouent dehors ? Bénéficiez-vous d'un lieu calme où réaliser un rituel long ou bien aurez-vous de la chance si vous parvenez à réciter un sortilège sans être interrompu ?
- Préférences personnelles. Êtes-vous du genre spontané ou préférez-vous tout organiser à l'avance ?

Une fois que vous avez répondu à ces questions, vous devriez avoir une assez bonne notion de si vous voulez vous contenter d'allumer une bougie, sortir le grand jeu ou faire quelque chose entre les deux. Ensuite, vous pouvez faire votre choix parmi les éléments de rituel mentionnés ci-dessous.

Éléments de rituel

Il existe autant de styles de rituels différents que de sorcières. Les sorcières qui se sont formées auprès de personnes issues d'un milieu wiccan traditionnel ont généralement recours à certains éléments donnés. Les magiciens cérémoniels, eux, en ont d'autres. Les sorcières éclectiques peuvent avoir développé leur propre façon de faire.

La liste qui suit se base sur ce que j'emploie et ai employé par le passé, mais ce n'est en aucun cas l'unique manière de procéder. N'hésitez pas à noter vos éléments de rituel habituels. Souvenez-vous que vous n'avez pas besoin d'effectuer chaque étape mentionnée ; vous pouvez choisir celles qui vous attirent le plus ou qui sont les plus adaptées à la tâche magique sur laquelle vous allez vous concentrer.

PURIFIEZ-VOUS POUR VOUS PRÉPARER AU RITUEL. Certaines personnes aiment prendre un bain avant le rituel ou se purifier le corps, la tête ou l'esprit d'une autre manière. Avec mon groupe, nous faisons circuler un bâton de sauge au début de chaque rituel pour nous aider à disperser les énergies que nous avons apportées du monde terre à terre. Nous nous passons également un mélange de sel et d'eau dans un bol pour nous purifier symboliquement. Lorsque je réalise un rituel seule, j'utilise de la sauge, mais pas d'eau.

RASSEMBLEZ VOS OUTILS. Réunissez toutes vos fournitures magiques et tout ce dont vous aurez besoin pour votre rituel, y compris votre sortilège si vous en exploitez un qui a été écrit à l'avance, ainsi que vos gâteaux et votre bière si nécessaire. N'oubliez pas les allumettes pour les bougies ! (Si j'avais une pièce pour chaque fois où je me suis aperçue que j'avais oublié les miennes au moment de démarrer un rituel...)

PURIFIEZ LES LIEUX. Videz et purifiez les lieux pour les préparer à être utilisés en tant qu'espace sacré. Pour cela, vous pouvez entre autres balayer le cercle (avec un balai réservé à la magie), asperger les lieux d'eau avec un petit balai, une plume ou le bout de vos doigts, ou encore faire le tour des lieux avec de la sauge ou de l'encens à la main.

ANCREZ-VOUS ET RECENTREZ-VOUS. Il s'agit ici de vous aider à vous concentrer et d'empêcher l'énergie (parfois puissante) générée par le rituel de vous faire perdre l'équilibre. La méthode la plus simple pour vous ancrer et vous recentrer consiste à prendre quelques inspirations profondes pour faire porter votre attention sur le moment présent. Ensuite, ouvrez-vous à l'énergie du sol en la sentant monter par vos pieds (ou votre coccyx, si vous êtes assis) jusque dans votre tronc. Ensuite, ouvrez-vous à l'énergie d'en haut en levant les bras, en étirant vos doigts et en vous concentrant sur le sommet de votre tête. Faites descendre cette énergie pour qu'elle rejoigne l'énergie d'en bas en votre centre, puis prenez à nouveau quelques inspirations profondes. (Parfois, si le rituel est dirigé par un grand prêtre ou une grande prêtresse, cette étape a lieu plus tard, au cours d'une forme de méditation guidée.)

DÉLIMITEZ LE CERCLE. Certaines personnes ont un cercle permanent marqué par des pierres ou un autre moyen. D'autres créent un cercle en saupoudrant de sel l'espace qui va être utilisé, dessinent un cercle par terre avec de la craie, déposent des pierres tout autour du cercle ou ont recours à d'autres méthodes physiques. Le cercle peut également être délimité énergétiquement : faites le tour de l'espace que vous comptez utiliser en visualisant une lumière vive qui vous suit. Lorsque j'effectue une tâche seule à mon autel, il m'arrive de simplement tourner sur moi-même, en visualisant une traînée de lumière et de pouvoir scellant l'espace là où je pointe mon doigt ou mon athamé.

CRÉEZ LE CERCLE. Vous pouvez créer le cercle en même temps que vous le délimitez. Si vous le désirez, une fois que vous avez fini de délimiter l'espace, dites simplement : « Le cercle est créé. » Si vous ne comptez pas délimiter de cercle, vous pouvez simplement vous imaginer entouré de lumière et prononcer les mêmes paroles. Si vous travaillez en groupe, vous pourriez demander à quelqu'un de faire le tour de l'extérieur du cercle en disant quelque chose de solennel, tel que :

De la Terre à l'Air, du ciel au sol,
je dessine ce cercle en tournant
en dehors des lieux, en dehors du temps,
dans l'espace sacré nous voilà à présent.

On peut également créer un cercle de la manière suivante : chacune à leur tour, toutes les personnes du cercle prennent la main de la personne à côté d'elles en disant : « Je crée le cercle main à main. » Lorsque la dernière personne prend la main de son voisin, elle annonce : « Le cercle est créé. »

INVOQUEZ LES POINTS CARDINAUX. Référez-vous au chapitre sur les invocations des déités et des points cardinaux. On peut invoquer les points cardinaux en se tournant vers chaque point cardinal tour à tour ou, si votre cercle est assez grand, en avançant vers le point cardinal en question et en y allumant une bougie. Si vous vous tenez devant un autel ou que tout est regroupé devant vous, contentez-vous d'invoquer chaque point cardinal et (si vous utilisez des bougies) d'allumer la mèche correspondante. Lorsque vous agissez en groupe, tous les points cardinaux peuvent être invoqués par une même personne, par différents individus ou bien par tout le monde à l'unisson.

INVOQUEZ LE DIEU ET LA DÉESSE, ou simplement la Déesse s'il s'agit d'un rituel de pleine lune. Vous pouvez vous servir d'un des exemples de ce chapitre ou simplement vous exprimer du fond du cœur. En général, on allume une bougie pour chaque déité, mais rien ne vous empêche de simplement les inviter. J'aime déposer des offrandes telles que des fleurs sur mon autel pour symboliser les divinités que j'invoque.

RÉALISEZ VOTRE TÂCHE. Une fois le cercle créé et les points cardinaux ainsi que les déités invoqués, on passe à la tâche magique. Si vous ne voulez pas vous embarrasser de tout le reste, passez directement à cette étape. Les possibilités de sortilèges sont trop nombreuses pour être toutes énumérées ici. Si vous accomplissez un rituel de groupe, la personne qui le mène va probablement parler de l'occasion du jour (pleine lune, sabbat ou autre). Que vous soyez seul ou en groupe, vous pourriez réaliser une action pour faire monter l'énergie, comme frapper un tambour, psalmodier ou danser. Sinon, vous pouvez aussi rester assis en silence et simplement exécuter la tâche magique prévue.

GÂTEAUX ET BIÈRE. Voici une partie du rituel généralement réalisée uniquement dans le cadre de rituels plus solennels, mais qui a plusieurs fonctions. Dans un rituel de groupe, c'est un moyen supplémentaire de partager, de rapprocher les participants et de créer des liens entre eux. Cela vous permet également de vous ancrer et de vous aider à revenir au monde réel après avoir réalisé la tâche magique, qui peut vous rendre débordant d'énergie, effervescent ou légèrement déconnecté de la réalité. « Gâteaux et bière » n'est qu'une expression désignant de la nourriture et des boissons : rien ne vous oblige à consommer spécifiquement des gâteaux ni de la bière. Il peut s'agir de fruits ou d'un morceau de pain avec de l'eau, du vin ou des jus de fruits, selon vos goûts. Si vous réalisez un rituel de groupe, pensez à mettre à disposition une boisson sans alcool pour les enfants ou les personnes ayant des problèmes de dépendance. Lorsque je suis en extérieur, j'aime déposer un peu de mes gâteaux et de ma bière par terre en offrande à la terre et aux esprits.

FAITES PASSER LE BÂTON DE PAROLE. Évidemment, cette étape s'adresse uniquement aux rituels de groupe. On peut se passer un bâton de parole pour que chacun ait l'opportunité de s'exprimer sans être interrompu.

DONNEZ CONGÉ AUX POINTS CARDINAUX. Si vous avez invoqué les points cardinaux au début du rituel, il est désormais temps de les congédier. Nul besoin de faire compliqué ; remerciez-les simplement pour leur aide et éteignez les bougies des points cardinaux si vous en avez allumé.

REMERCIEZ LE DIEU ET LA DÉESSE. Si vous avez invoqué des divinités, pensez à les remercier de leur présence et pour toute l'aide qu'ils vous auront apportée au cours du rituel (ou après). Éteignez également ces bougies.

OUVREZ LE CERCLE. Procédez dans le sens inverse de celui où vous l'avez créé. Si vous avez fait le tour du cercle dans le sens des aiguilles d'une montre (déosil), marchez dans l'autre sens (widdershins, ou sens inverse des aiguilles d'une montre) pour l'ouvrir. Si vous avez visualisé un cercle de lumière en train de se former autour de vous, visualisez-le en train de se dissoudre. Les rituels de groupe peuvent être un peu plus complexes, mais ils s'achèvent souvent par les paroles suivantes, prononcées à l'unisson :

Le cercle est ouvert, mais jamais brisé.
Avec joie nous nous rencontrons, avec joie nous nous séparons et avec joie nous nous rencontrons à nouveau.

FESTIN. Les célébrations habituelles de sabbat sont souvent suivies d'un festin partagé. Même si vous célébrez simplement la pleine lune tout seul, rien ne vous empêche de réaliser un festin si vous en avez envie, ou au moins de savourer un carré de chocolat. Je suis sûre que la Déesse approuverait.

Qui mène ?

Lorsqu'on effectue un rituel avec plus d'un participant, il faut parfois se poser la question de qui mène ce rituel. Si vous êtes au sein d'un groupe déjà existant, le problème ne se posera probablement pas, même s'il est vrai que tous les groupes n'ont pas forcément de grand prêtre/grande prêtresse, surtout de nos jours. Si vous êtes invité, ce ne sera pas à vous de vous en préoccuper. Mais si vous faites partie d'un groupe de personnes qui pratiquent ensemble, que ces séances soient occasionnelles ou régulières, vous devrez décider si quelqu'un va diriger les rituels tout le temps, si chacun va diriger à son tour ou s'il n'y aura aucun meneur (en général, il y a au moins une personne chargée de créer le rituel). Il n'y a pas de bonne ou de mauvaise réponse à cette question, il faut simplement trouver ce qui fonctionne pour vous et pour les personnes avec qui vous pratiquez. Évidemment, si vous pratiquez en solo, la question ne se pose pas : c'est le chat qui dirige, bien entendu.

Rituel basique pour la pleine lune

Le fait d'entrer en contact avec la Déesse lors des nuits de pleine lune est au cœur de la pratique sorcière de nombreuses personnes. Voici un rituel simple de pleine lune.

FOURNITURES : une bougie blanche ou argent dans un bougeoir ininflammable. Un cristal de quartz. Un petit bol rempli d'eau.

Ce rituel peut être effectué dehors à la lueur de la pleine lune, ou en intérieur, devant un autel, à la fenêtre, en regardant la lune, ou à n'importe quel autre endroit qui vous paraît adapté.

Lorsque vous commencez, prenez le temps de regarder si la lune est visible. Si elle ne l'est pas, projetez tout de même votre conscience dans sa direction globale. Sentez l'énergie de la Déesse émaner du ciel puis descendre vers vous pour vous envelopper.

Allumez la bougie et dites :

Grande Déesse (ajoutez le nom d'une déesse spécifique si vous le souhaitez), je te salue en cette nuit de ta pleine lune, et te remercie de ta présence dans ma vie.

Aspergez le cristal d'un peu d'eau et dites :

Telle l'eau qui purifie ce cristal, que tes rayons de guérison me purifient de tout ce qui n'œuvre plus en ma faveur, et qu'ils m'aident à avancer dans ce nouveau cycle lunaire, rafraîchi et nouveau.

Levez le cristal vers le ciel :

Tel ce cristal issu de la terre, solide et fiable, que ta force m'ancre et m'aide à avancer dans ce nouveau cycle lunaire, fort et enraciné, prêt à faire face aux événements.

Levez la bougie vers le ciel :

Telle cette lumière qui éclaire l'obscurité, que la lumière vive de ton amour brille sur moi et m'aide à avancer dans ce nouveau cycle lunaire, béni et plein d'énergie, conscient que tu es toujours auprès de moi.

Demeurez dans l'instant aussi longtemps que vous le désirez, puis dites :

Merci, Déesse, pour ta présence ce soir et toujours. Sois bénie.

Éteignez la bougie.

En solo ou à plusieurs ?

Certains rituels sont écrits pour une personne seule et d'autres pour un groupe. Il est assez simple de passer de l'un à l'autre. Il vous suffit de modifier les mots en conséquence (« j'invoque la Déesse » devient « nous invoquons la Déesse » et inversement) et de changer les actions si nécessaire (si un rituel de groupe fait invoquer les points cardinaux par différentes personnes, la personne seule invoquera tous les points cardinaux elle-même ; si un rituel solo est réalisé par un groupe, le meneur peut ajouter une introduction). À moins qu'une tâche nécessite la présence de plusieurs personnes, presque tous les rituels peuvent être effectués aussi bien en solo qu'en groupe.

Rituel simple pour les sabbats

Chacun célèbre les sabbats différemment. Par exemple, tout le monde ne les observe pas tous, et certaines personnes retrouvent d'autres sorcières pour certains sabbats alors qu'elles fêtent les autres seules. La seule constante est que le rituel se focalise généralement sur la saison et le thème du sabbat en question. Par exemple, à l'équinoxe de printemps, il est fort probable que l'on célèbre le printemps, la nature reprenant vie, et éventuellement la naissance.

Plutôt que d'écrire un rituel complet, comme je l'ai fait pour la pleine lune, je vais vous fournir les grandes lignes d'un rituel basique qui fonctionnera pour n'importe quelle fête. Vous pourrez ensuite compléter les vides par ce que vous souhaitez. Déterminez à l'avance votre thème ou ce sur quoi vous allez vous focaliser, ainsi que les fournitures dont vous allez avoir besoin. Voici les essentiels utilisés par la plupart des gens, ainsi que les éléments propres au rituel que vous accomplissez. C'est assez rudimentaire ; vous pouvez ajouter ce que vous désirez.

FOURNITURES : bougies pour les quatre points cardinaux (rouge, bleue, verte et jaune, ou quatre bougies blanches) et pour le Dieu et la Déesse (argent/or ou crème/blanche) ainsi que des bougeoirs ininflammables dans lesquels poser les bougies. Bâton de sauge. Du sel de mer et de l'eau dans deux récipients distincts ainsi qu'un bol pour les mélanger. Des décorations adaptées au sabbat et/ou aux déités que vous célébrez. Des gâteaux et de la bière en rapport avec la saison. N'importe quelles autres fournitures propres au rituel en question. *N'oubliez pas les allumettes !*

Allumez le bâton de sauge et servez-vous-en pour purifier le cercle puis vous-même. Si vous effectuez le rituel en groupe, passez-le aux autres participants.

Versez un peu d'eau dans le bol et ajoutez quelques pincées de sel. Si vous voulez, vous pouvez dire :

Sel dans l'eau, eau dans le sel. Lave tout le négatif et l'inutile, que je sois purifié et prêt à effectuer mon travail magique.

Trempez le bout de vos doigts dans le liquide et oignez votre front, vos lèvres, votre cœur et votre centre (le ventre). Si vous êtes en groupe, faites circuler le bol.

Créez votre cercle. Prenez quelques instants pour ressentir la sensation différente que vous procure l'espace.

Invoquez les points cardinaux et allumez les bougies pour chacun d'eux.

Invoquez la Déesse et le Dieu et allumez leurs bougies.

Maintenant, exécutez votre tâche magique. Vous pouvez commencer par une activité manuelle (par exemple, à l'équinoxe de printemps, envisagez de décorer un petit bocal avec des symboles de la saison et d'y planter des graines pour représenter le potentiel de l'année à venir), puis faire monter l'énergie par des psalmodies ou un tambour, effectuer une méditation guidée, ou simplement lancer le sortilège de votre choix. Si vous êtes en groupe, le rituel sera peut-être un peu plus complexe.

Une fois votre tâche magique accomplie, prenez quelques minutes pour vous ancrer et vous recentrer. Si vous avez prévu des gâteaux et de la bière, c'est le moment de les consommer.

Si vous êtes en groupe, faites circuler le bâton de parole.

Donnez congé aux points cardinaux. Éteignez leurs bougies.

Remerciez le Dieu et la Déesse. Éteignez leurs bougies.

Ouvrez votre cercle.

Astuces pour les rituels magiques

Voici le secret de la magie : il n'y a aucun secret. En vérité, nul besoin d'un savoir ésotérique encyclopédique ou d'un long rituel compliqué. Si les rituels vous aident à focaliser votre énergie, alors faites-en ! Mais pour les tâches magiques, le plus important est d'avoir un objectif clair, une intention concentrée sur celui-ci, ainsi que la foi que votre magie va entraîner un changement positif. Tout le reste, c'est du gâteau (y compris les gâteaux !).

Rituel simple pour tâche magique

Astuce ci-dessus à part, il est vrai que les éléments d'un rituel peuvent vous aider à atteindre la concentration et l'état mental propices aux tâches magiques. Il y a une raison pour laquelle les religions de par le monde pratiquent des rituels sous une forme ou une autre depuis des siècles.

Nous effectuons souvent nos tâches magiques dans le cadre d'un rituel, car cela nous aide à nous dissocier du monde terre à terre ainsi que des distractions de nos vies et nous permet de pénétrer dans l'espace sacré. Ainsi, nous pouvons accorder notre attention tout entière à la tâche qui nous attend.

Voici un exemple simple de rituel servant à accomplir une tâche magique (par opposition au fait de célébrer la pleine lune ou un sabbat, même si nous accomplissons souvent des tâches magiques aussi dans le cadre de ces autres rituels). Ici, nous allons exécuter une tâche magique pour la prospérité et l'abondance, mais ce rituel de base peut servir à la réalisation de n'importe quel type de tâche magique.

FOURNITURES : une bougie blanche (pour la Déesse), une bougie votive verte et deux bougeoirs ininflammables. Des herbes (basilic, cannelle, gingembre et/ou menthe poivrée). Une pierre précieuse verte (aventurine, jade ou malachite) ou un œil-de-tigre. Une pièce (1 centime bien brillant peut suffire, même si j'aime utiliser des pièces plus importantes). Il vous faudra également un objet pointu, tel qu'un athamé, une petite baguette ou un cure-dents.

FACULTATIF : bâton de sauge, bougies pour les points cardinaux, huile magique de prospérité.

Si vous préférez, vous pouvez créer le cercle de manière rituelle et solennelle, comme dans le rituel précédent. Si vous n'avez pas le temps ou l'envie d'effectuer un rituel solennel complet, vous pouvez toujours répandre la fumée de sauge sur vous avant de commencer. Sinon, contentez-vous de vous visualiser entouré d'un cercle de lumière protectrice puissante avant de débuter le rituel.

Allumez la bougie blanche et invoquez la Déesse (vous pouvez appeler une déesse spécifique par son nom) :

Grande Déesse, je pénètre dans cet espace sacré consacré à ton culte et je te demande de m'aider à atteindre mes objectifs.

Prenez la bougie verte et à l'aide de votre objet pointu ou de vos ongles, gravez-y des symboles, tels que des runes (gifu pour les cadeaux, ing pour la réussite, jera pour les récompenses bien méritées et fehu pour l'argent ainsi que les possessions matérielles), ou n'importe quelle autre représentation de la prospérité à vos yeux, comme un dollar ou le symbole du type de prospérité que vous désirez (par exemple, si je désirais un nouveau contrat d'édition, je pourrais graver un dessin de livre sur la bougie). Vous pouvez également ajouter votre nom, vos initiales ou n'importe quel symbole qui vous représente.

Si vous avez recours à de l'huile magique, prenez-en une ou deux gouttes pour oindre la bougie, en prenant garde d'éviter la mèche.

Saupoudrez la bougie d'herbes, en respirant bien leur parfum.

Posez la bougie sur un plat ou bougeoir ininflammable et déposez la pierre devant.

Fermez les yeux quelques instants et concentrez-vous sur vos objectifs et désirs, puis allumez la bougie et récitez votre sortilège. Ici, j'ai repris celui du chapitre sur les sortilèges.

Dieu et Déesse, veuillez m'envoyer la prospérité
sous toutes ses formes positives
Que l'abondance et la plénitude soient miennes
Que l'argent et les cadeaux soient miens

Puissé-je avoir tout ce dont j'ai besoin
et assez pour partager
des manières les meilleures et les plus bénéfiques
Ainsi soit-il

Restez assis un moment puis éteignez la bougie verte. Sinon, pourvu que cela soit sans danger, il est possible de la laisser se consumer sur votre autel ou sur une table. Si vous souhaitez réitérer le sortilège, vous n'avez qu'à rallumer la bougie, sans répéter le reste du rituel.

Dites :

Merci, Déesse, de m'avoir apporté ta force et ton pouvoir. Puisses-tu honorer de tes bénédictions ma tâche magique. Ainsi soit-il.

Éteignez la bougie blanche. Visualisez-vous en train de lâcher prise de la lumière blanche de l'espace sacré et de revenir au monde.

N.B. : vous pouvez prendre ce rituel de base et l'adapter à n'importe quel autre objectif magique.

Le silence est d'or

Pour l'amour de Déesse, n'oubliez pas d'éteindre votre téléphone ! Il n'y a rien de pire que d'être interrompu par une sonnerie bruyante lorsqu'on est en plein rituel. Mettez votre téléphone en mode silencieux et éliminez toute autre distraction jusqu'à la fin du rituel.

RECETTES

Les sorcières adorent manger. Il m'arrive de penser que nos rituels ne sont qu'une excuse pour faire un bon festin ensuite ! (Bon, pas vraiment, mais c'est vrai qu'on adore ces festins.) Il n'est donc pas inhabituel pour des sorcières d'inclure certaines de leurs recettes préférées dans leur livre des ombres.

De manière générale, on peut probablement diviser la nourriture païenne en trois grandes catégories. La première, ce sont les « gâteaux », c'est-à-dire la partie qui se mange dans l'expression « gâteaux et bière ». On peut les manger dans le cadre de n'importe quel rituel ou au cours d'une communion avec la Déesse à la pleine lune, occasion qui n'est pas tout à fait un véritable rituel. Ces « gâteaux » ne sont pas nécessairement du vrai gâteau (mais si vous aimez le gâteau, il n'y a pas d'hésitation à avoir !). La plupart du temps, il s'agit d'un type de pain : du pain fait maison, de boulangerie ou bien des petits pains. Parfois, il s'agit de biscuits salés, de cookies ou de viennoiseries, mais il m'est arrivé d'utiliser des fruits de saison (des fraises au chocolat au printemps ou des tranches de pommes en automne). Tant que c'est un aliment qui va vous ré-ancrer dans le monde terre à terre ou qui va montrer votre reconnaissance pour l'occasion lunaire ou saisonnière que vous célébrez, vous n'êtes limité que par votre imagination et vos propres préférences alimentaires.

Ensuite, il y a les recettes de sorcellerie de cuisine. La sorcellerie de cuisine est un moyen d'incorporer vos tâches magiques dans votre nourriture, et elle n'est pas réservée uniquement à quelques jours de l'année. Nombre d'entre nous, qui pratiquent la sorcellerie de cuisine, le font régulièrement, chaque fois que nécessaire et non pas à une date spéciale. Ce que la sorcellerie de cuisine a de fabuleux, c'est que peu importe à quel point nous sommes débordés (peut-être trop pour des rituels complexes), nous devons tous manger à un moment ou à un autre. Cela ne requiert qu'un effort minime d'ajouter un peu de magie dans le repas que vous alliez concocter de toute manière ou de changer un peu le menu pour refléter la magie que vous voulez effectuer. La focalisation et l'intention peuvent transformer les ingrédients d'un plat de pâtes en quelque chose qui apporte la prospérité ou l'amour.

La dernière catégorie (mais non la moindre) regroupe les plats de fête. Ce sont les recettes que nous réalisons pour les occasions spéciales, généralement partagées avec les amis et la famille. De nombreux rituels de groupe (et quelques rituels en solo) sont suivis d'un festin pour célébrer l'occasion, particulièrement aux sabbats.

Les plats de fête ont plusieurs fonctions. Comme les gâteaux et la bière, ils nous aident à nous ré-ancrer dans le monde terre à terre. Ils nous relient également à nos ancêtres ainsi qu'aux sorcières et aux païens qui sont venus avant nous, et qui, pour la plupart, ont consommé les mêmes mets (même s'ils étaient peut-être préparés différemment) à leurs propres festins de sabbat. En outre, si on se concentre sur les aliments de saison, les plats de fête représentent une manière d'entrer en lien avec la terre. C'est encore mieux si vous pouvez consommer quelques fruits et légumes locaux.

La nourriture sustente notre corps, mais également notre esprit ; en cuisinant pour autrui, nous apportons le bonheur aux personnes avec qui nous partageons la nourriture, ou bien nous renforçons leur bonheur existant. Dans la plupart des festins païens, chacun apporte un plat à partager. Préparer de la nourriture les uns pour les autres est un témoignage d'amour qui nous rapproche. Certains des moments les plus joyeux de ma vie ont eu lieu à la table d'un festin, entourée des autres membres de mon cercle, à manger de la nourriture contenant un peu de magie de chacun de nous.

Gâteaux

Shortbreads

Ils sont faciles à réaliser et vous pouvez y incorporer différentes herbes en fonction de la saison. J'aime mettre du romarin à Samhain (pour le souvenir) ou de l'aneth (pour la prospérité) au solstice d'été.

- 225 grammes de beurre ;
- 200 grammes de sucre (je préfère le sucre turbinado) ;
- 300 grammes + 60 grammes de farine.

FACULTATIF : trois cuillères à soupe ou moins de l'herbe que vous utilisez (quelle qu'elle soit) hachée finement.

Battez le beurre et le sucre, puis ajoutez les 300 grammes de farine et les herbes. Sur un plan de travail propre et fariné (avec les 60 grammes restants), pétrissez la pâte jusqu'à ce qu'elle commence à se craqueler. Étalez-la de manière à ce qu'elle fasse 1 centimètre d'épaisseur. Ensuite, vous pouvez utiliser un emporte-pièce pour découper des formes : des disques pour la pleine lune, des chats pour Samhain, des demi-lunes, des étoiles ou tout ce que vous voulez. Vous pouvez également vous procurer des tampons à biscuits pour imprimer un dessin de pentacle sur le dessus d'un *shortbread* rond.

Déposez les *shortbreads* sur une plaque de cuisson non graissée et enfournez à 135 °C pour environ 50 minutes.

(Adapté de *Witchcraft on a Shoestring*.)

Biscuits au citron

Ces petits gâteaux peuvent eux aussi être décorés avec des herbes. À Midsummer, on saupoudre parfois de la lavande dessus (oui, c'est comestible).

- 480 grammes de farine ;
- 1 cuillère à soupe de levure chimique ;
- 1 cuillère à café de bicarbonate de soude ;
- 1/2 cuillère à café de sel ;
- 225 grammes de beurre ;
- 2 œufs ;
- 200 grammes de sucre ;
- 100 grammes de sucre roux ;
- 80 grammes de crème aigre ;
- 2 cuillères à café de jus de citron ;
- 1 cuillère à soupe de zeste de citron ;
- 1 cuillère à café de vanille.

FACULTATIF : 1 à 2 cuillères à café d'herbes finement hachées.

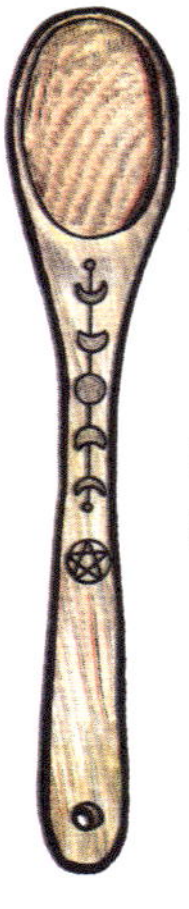

Préchauffez le four à 180 °C. Mélangez les ingrédients secs dans un saladier. Dans un autre saladier, battez le beurre, les œufs et le sucre (blanc et roux), puis ajoutez la crème aigre, le jus et zeste de citron ainsi que la vanille. Ajoutez les ingrédients secs et mélangez doucement. Déposez des cuillérées du mélange sur une plaque graissée et saupoudrez quelques herbes. Il est également possible d'incorporer les herbes dès le début, en les mélangeant aux ingrédients secs. Faites cuire à 180 °C pendant 10 minutes.

(Adapté de *Witchcraft on a Shoestring*.)

Pain facile sans pétrissage

Ce pain est incroyablement simple à réaliser et très sain. Il est idéal pour les rituels qui nécessitent de se passer un pain rond de main en main dans le cercle et d'en rompre chacun un morceau. Il est également parfait pour tous les festivals de récolte, particulièrement Lammas, qui célèbre les céréales. Vous devez simplement penser à le commencer la veille ou bien tôt le matin du jour où vous comptez le cuire.

- 480 grammes de farine non blanchie ;
- 120 grammes de farine de blé complet ;
- 150 grammes de flocons d'avoine ;
- 65 grammes de sucre roux ;
- 55 grammes de beurre ramolli ;
- 2 cuillères à café de sel ;
- 1/2 cuillère à café de levure instantanée ;
- 530 millilitres d'eau.

Dans un grand saladier, mélangez tous les ingrédients à la main. Allez-y franchement. Sentez la farine toute douce vous glisser entre les doigts. Profitez d'avoir les mains pleines de pâte. Jouez. Le pain, c'est la vie, et vous êtes en train d'en créer ! Attention, votre saladier doit être suffisamment grand pour que le pain ait au moins la place de doubler de volume.

Une fois tous les ingrédients mélangés, recouvrez le saladier d'un film plastique ou d'un tissu propre et laissez reposer toute la nuit ou au moins 8 heures à température ambiante. (Généralement, j'agite mon doigt en sa direction et je lui ordonne : « Je veux que tu restes assis ici et que tu réfléchisses à ce que tu as fait. » Je trouve que ça le fait très bien lever.)

Une fois que la pâte a levé, mettez-la sur un plan de travail légèrement fariné et pliez-la quatre ou cinq fois. Ensuite, déposez-la (face lisse vers le haut) dans un récipient légèrement graissé. La pâte sera collante. Si vous avez une cocotte ou une marmite pouvant aller au four, c'est l'idéal, car le couvercle va permettre au pain de cuire avec un peu de vapeur. Une poêle recouverte d'aluminium peut également faire l'affaire.

Façonnez la pâte de manière à ce qu'elle rentre dans le récipient ou bien donnez-lui une forme ronde. Couvrez-la et laissez-la lever encore 1 heure environ, jusqu'à ce qu'elle soit gonflée. Vous pouvez garnir le pain avec de l'avoine ou bien le saupoudrer de sel de mer et d'herbes.

Mettez votre récipient couvert dans le four non préchauffé, puis allumez celui-ci à 230 °C. Faites cuire pendant 45 à 50 minutes, puis retirez le couvercle et poursuivez la cuisson 10 ou 15 minutes jusqu'à ce que le pain soit marron foncé. Si vous avez un thermomètre à lecture instantanée, il devrait indiquer une température de 95 °C lorsque le pain est cuit. Mettez le pain sur une grille pour le laisser refroidir avant de le trancher.

(Basé sur une recette du catalogue de King Arthur Baking.)

Fraises au chocolat

Voici une recette particulièrement gourmande pour remplacer les gâteaux plus traditionnels et accessible même aux personnes peu douées en cuisine. Il m'arrive d'en réaliser pour célébrer l'arrivée du printemps ou pour Beltane, lorsqu'il y a de l'amour dans l'air.

- des fraises fraîches lavées ;
- du bon chocolat en copeaux ou des pépites de chocolat de qualité.

Mettez le chocolat dans un récipient allant au micro-ondes et faites-le chauffer prudemment (en plusieurs fois, car le chocolat brûle facilement) jusqu'à ce qu'il soit fondu. Vous pouvez également le faire fondre au bain-marie. Trempez les fraises dans le chocolat, laissez couler l'excédent puis déposez-les sur du papier paraffiné jusqu'à ce que le chocolat durcisse.

Délices de la lune noire

C'est facile de faire des biscuits ronds pour symboliser la pleine lune, mais si vous voulez quelque chose de vraiment gourmand pour la lune noire, tentez donc cela :

- 85 grammes de bon chocolat noir en copeaux ou haché en petits morceaux ;
- 60 grammes de crème fraîche épaisse.

FACULTATIF : ingrédients dans lesquels rouler les chocolats, tels que des noix concassées ou du cacao en poudre.

N.B. : tant que vous avez 2 volumes de chocolat pour 1 volume de crème, vous pouvez augmenter ou diminuer les quantités selon vos besoins.

Mettez le chocolat dans un bol. Faites chauffer doucement la crème au micro-ondes ou sur le feu. Elle doit être chaude, mais pas bouillante. Versez-la sur le chocolat et mélangez jusqu'à ce que le chocolat fonde et que vous obteniez une merveilleuse ganache lisse et brillante. Versez dans un récipient de manière à laisser refroidir le mélange suffisamment pour pouvoir le travailler (environ 30 minutes à 1 heure au réfrigérateur). Ensuite, façonnez-le en disques avec une cuillère ou à la main.

Pour encore plus de gourmandise, vous pouvez ajouter quelques gouttes de rhum ou de votre liqueur aux fruits préférée, telle que de la liqueur de Chambord. Vous pouvez également les rouler dans du cacao en poudre ou des noix concassées.

Sorcellerie de cuisine

La sorcellerie de cuisine est une forme de pratique magique qui exploite les propriétés intrinsèques de divers aliments et herbes pour donner un coup de fouet magique à vos repas. Et aussi à vos goûters – n'oublions pas les goûters ! Et aux desserts. Les desserts comptent aussi ! Par exemple, le chocolat peut servir à de la magie de l'amour ou de l'argent.

L'avantage considérable de la sorcellerie de cuisine, c'est qu'elle demande très peu de temps et d'efforts. Pour les personnes qui ne parviennent pas à se libérer pendant 1 heure pour réaliser un rituel solennel, c'est une façon alternative de tirer quelques-uns des bienfaits de la magie tout en se livrant à quelque chose qu'elles feraient de toute façon : la préparation des repas.

Et bien que je déconseille généralement de réaliser des sortilèges sur qui que ce soit sans la permission de la personne concernée, je ne pense pas que cela pose problème de réaliser un repas orienté « santé et guérison » à l'intention de votre famille lorsque la grippe fait son retour, ou d'ajouter des herbes protectrices à un plat qui va être partagé par les personnes que vous aimez. Après tout, le fait de cuisiner est lui-même un acte de guérison et d'amour, du moins lorsqu'il est accompli correctement.

Les recettes de sorcellerie de cuisine sont généralement choisies soit parce que leurs ingrédients se prêtent déjà bien à l'atteinte de l'objectif magique, soit parce qu'elles peuvent être modifiées par un ajout d'herbes ou autres éléments. Ensuite, vous n'avez qu'à vous concentrer sur votre objectif pendant que vous cuisinez. Par exemple, si vous concoctez une soupe pour renforcer la santé, vous pourriez incorporer les ingrédients puis remuer neuf fois dans le sens des aiguilles d'une montre (déosil) tout en récitant un sortilège de guérison ou en vous concentrant sur votre intention.

Petite liste d'ingrédients pour la sorcellerie de cuisine

Il ne s'agit en aucun cas d'une liste exhaustive, et nombre de ces ingrédients ont plusieurs associations magiques. Pour plus d'informations, consultez les livres recommandés plus loin dans ce chapitre ou suivez votre instinct (souvent, cela fonctionne tout aussi bien).

AMOUR : anis, basilic, cannelle, clou de girofle, gingembre, graines de pavot, marjolaine, romarin, rose, thym, vanille. Abricot, avocat, betterave, cerise, chocolat, citron (et tous les agrumes), fraise, framboise, fruit de la passion, patate douce, pomme, pignons de pin, rhubarbe, tomate.

GUÉRISON : ail, mélisse officinale, menthe poivrée, quatre-épices, romarin, sauge. Amandes, ananas, choux de Bruxelles, cidre, citron, citrouille, concombre, miel, olives, orange, pêche, pomme, tomate.

PROSPÉRITÉ : aneth, basilic, cannelle, clou de girofle, gingembre, menthe, persil. Céréales, chou, figues, fruits à coques, grenade, haricots, légumes à feuilles (laitue, chou kale, épinards), mûre, orge, pois à vache, raisin, tomate.

PROTECTION : ail, basilic, clou de girofle, fenouil, laurier, moutarde, paprika, persil, poivre (noir ou de Cayenne), raifort, romarin. Amandes, artichaut, brocoli (et autres membres de cette famille, tels que le chou-fleur, les choux de Bruxelles et le chou kale), ciboulette, canneberge, échalote, framboise, maïs, mangue, myrtille, oignon, piment, pomme de terre, tomate.

Pesto de la prospérité

L'ingrédient principal du pesto, le basilic, est une herbe puissante non seulement idéale pour la prospérité, mais également pour l'amour et la protection. Alors, autant réaliser une bonne quantité de pesto ! Cette sauce verte délicieuse s'accorde bien avec les pâtes, mais peut également servir à accommoder d'autres plats. À l'automne, j'aime en étaler sur de la courge spaghetti avec de la mozzarella et de la ricotta. Pour revenir au pesto, nul besoin de s'embêter, il suffit de mettre tous les ingrédients dans un mixeur ou un robot ménager. En plus, il se congèle bien. Normalement, on fait du pesto à partir de pignons de pin, mais cet ingrédient peut s'avérer assez coûteux. Les noix ont une bonne énergie de prospérité et elles sont moins chères et meilleures pour la santé, donc j'ai tendance à les utiliser à la place. N'oubliez pas que le pesto est un de ces plats que vous adapterez en fonction de vos goûts (moi, je l'aime très aillé), donc les quantités indiquées ici ne sont qu'un point de départ. Pour être honnête, je ne mesure jamais les quantités quand je fais du pesto. Je continue simplement de mettre des ingrédients dans le mixeur jusqu'à ce que j'aie l'impression d'être parvenue à un certain équilibre.

- 60 grammes (minimum) de feuilles de basilic ;
- 45 grammes de parmesan ;
- 50 grammes de noix concassées ;
- 2 ou 3 gousses d'ail émincées ;
- 115 à 160 millilitres d'huile d'olive extra-vierge ;
- sel de mer (dosez selon vos goûts).

FACULTATIF : un trait de jus de citron

Mettez tous les ingrédients dans un mixeur ou hachez et mélangez à la main. Lorsque vous ajoutez le basilic, voyez les feuilles comme des billets pleuvant sur vous, et lorsque vous le consommez, invitez la prospérité dans votre vie.

Croustillant d'amour fraise-rhubarbe

Les fraises et la rhubarbe sont toutes deux associées à l'amour et elles vont très bien ensemble. On pourrait même dire que le sucre des fraises et l'acidité de la rhubarbe représentent à la fois la réalité de la vie et l'aspect yin/yang présent dans de nombreuses relations. Cette recette inclut également un peu de gingembre, qui est lui aussi une épice de l'amour. Pour les personnes peu douées en pâtisserie, un croustillant est bien plus facile à réaliser qu'une pâte à tarte. Vous n'avez qu'à mélanger tous les ingrédients dans un moule et ajouter la garniture. Mangez ce croustillant avec un être aimé ou bien préparez-en pour un festin et partagez-le avec vos amis.

- 640 grammes de fraises équeutées et coupées en tranches ;
- 480 grammes de rhubarbe coupée en petits dés ;
- 100 grammes + 50 grammes de sucre ;
- 1 cuillère à soupe de gingembre confit haché ou 1 cuillère à café de gingembre séché ;
- 2 cuillères à soupe de fécule de maïs.

Garniture

- 150 grammes de flocons d'avoine ;
- 120 grammes de farine ;
- 100 grammes de sucre roux ;
- 100 grammes de sucre ;
- 1/2 cuillère à café de cannelle (ou davantage si vous aimez vraiment la cannelle, puisque c'est aussi une épice de l'amour) ;
- 1/4 de cuillère à café de sel ;
- 110 grammes de beurre fondu.

Mélangez les ingrédients de la garniture avec vos doigts ou une fourchette, puis mettez-la au réfrigérateur pour qu'elle refroidisse.

Faites cuire la rhubarbe avec 50 grammes de sucre à feu doux pendant environ 10 minutes pour la ramollir et lui retirer une partie de son jus. Pendant ce temps, saupoudrez les fraises des 100 grammes de sucre restants, puis mettez-les dans un saladier avec le gingembre et la fécule de maïs afin que les goûts puissent se mêler ensemble.

Ajoutez le mélange à base de fraise à celui à base de rhubarbe dans un moule carré de 20 ou 23 centimètres de côté, recouvrez les fruits avec la garniture et enfournez 50 à 60 minutes à 180 °C ou jusqu'à ce que le dessus soit croustillant. Laissez refroidir avant de manger.

Bouillon curatif

J'ai grandi dans une famille juive, donc je crois de toute façon que la soupe au poulet a des pouvoirs curatifs magiques. Vous pouvez réaliser une version végétarienne en prenant du bouillon de légumes plutôt que du bouillon de poulet. Ce bouillon simple peut être bu tel quel ou utilisé pour cuisiner d'autres plats. Il est également possible de le congeler dans un grand récipient ou dans un bac à glaçons : dans ces cas, vous pourrez prendre un ou deux glaçons de bouillon et les ajouter à n'importe quel plat pour lui conférer un peu de magie de guérison quand vous en avez besoin.

- 1 petit oignon (ou 2 petites échalotes) émincé(es) ;
- 2 cuillères à café d'huile d'olive ;
- 2 à 5 gousses d'ail ;
- 950 millilitres de bouillon de poulet ou de bouillon d'os de poulet ;
- 2 cuillères à soupe de jus de citron ;
- 1 cuillère à café de romarin frais finement haché, ou 1/2 cuillère à café de romarin séché ;
- 3 ou 4 brins de persil frais finement haché, ou 1/2 cuillère à café de persil séché.

À feu doux, faites revenir l'oignon ou les échalotes dans l'huile d'olive environ 5 minutes, jusqu'à ce qu'ils ramollissent. Ajoutez l'ail et poursuivez la cuisson pendant quelques minutes. Ajoutez tous les autres ingrédients et faites mijoter sur le feu ou dans une mijoteuse jusqu'à ce que l'odeur soit alléchante. Vous pouvez aussi bien laisser le bouillon sur le feu 1 heure qu'une demi-journée si le feu est suffisamment bas. De temps en temps, remuez neuf fois en songeant à l'énergie de guérison à chaque tour de cuillère. Vous pouvez filtrer le liquide pour retirer l'ail et les herbes, mais ce n'est pas obligatoire. Ce bouillon constitue une base idéale pour d'autres plats et un excellent reconstituant pour une personne malade.

Brocoli de la protection avec sauce moutarde

- 2 échalotes émincées ;
- 1 cuillère à café d'huile d'olive ;
- 1 gousse d'ail émincée ;
- 680 grammes de brocoli ;
- 2 cuillères à soupe de beurre fondu ;
- 4 cuillères à café de jus de citron ;
- 2 cuillères à café de moutarde à l'ancienne ;
- sel et poivre (dosez selon vos goûts).

FACULTATIF : 2 tranches de bacon cuites et émiettées.

Faites revenir les échalotes dans l'huile d'olive environ 3 à 5 minutes, jusqu'à ce qu'elles ramollissent. Ajoutez l'ail et le brocoli et faites cuire à feu doux jusqu'à ce que le brocoli soit chaud, mais toujours croquant. Dans un bol, mélangez le beurre, le citron et la moutarde et ajoutez-les au brocoli. Parsemez de bacon émietté.

Lectures recommandées

Il existe d'excellents livres sur la nourriture en magie. Voici quelques-uns de mes préférés :

CUNNINGHAM (Scott), *La Cuisine wiccane*, Éditions Danaé, Balma, 2017, 460 p.

HUNT (Dawn), *Cucina Aurora Kitchen Witchery: A Collection of Recipes for the Novice Kitchen Witch*, 2010.

JOHNSON (Cait), *Witch in the Kitchen: Magical Cooking for All Seasons*, Destiny Books, Rochester, 2001, 240 p.

RAVEN (Gwion), *The Magick of Food: Rituals, Offerings, and Why We Eat Together*, Llewellyn Publications, Woodbury, 2020, 288 p.

TELESCO (Patricia), *A Kitchen Witch's Cookbook*, Llewellyn Publications, Woodbury, 1994, 384 p.

WOOD (Jamie) et SEEFELDT (Tara), *The Wicca Cookbook: Recipes, Ritual, and Lore*, Celestial Arts, New York, 2000, 199 p.

Plats de fête

Toutes les recettes de ce chapitre peuvent être utilisées pour des festins : il n'existe d'ailleurs aucune règle stipulant ce qui peut ou non être servi à un festin. Tout dépend de ce que vos amis, votre famille et vous-même aimez préparer et manger. Cependant, il est de coutume de choisir des aliments faisant écho au sabbat que l'on célèbre. Par exemple, Lammas est associé au lait et aux agneaux : vous pourriez donc servir un copieux ragoût d'agneau ou une fondue au fromage. À Ostara, on se réjouit du retour du printemps ; votre festin pourrait donc comprendre une salade avec des herbes fraîches ou des œufs, qui symbolisent la renaissance et la saison en question.

Les festins ne sont pas limités aux sabbats. Bien que la plupart des sorcières n'organisent pas de festin pour les rituels de pleine lune, rien ne vous en empêche. En outre, il y a de nombreuses autres occasions, telles que les *handfastings* (mariages), les *wiccanings* (accueil de nouveau-nés au sein de la communauté) et même les rituels de passage vers l'au-delà (obsèques), qui peuvent être suivies d'un partage de nourriture. Dans notre livre des ombres, nous allons toutefois nous intéresser aux recettes réalisables pour des festins organisés en l'honneur des sabbats. N'hésitez pas à écrire également vos recettes préférées.

Sauce fromage de la triple Déesse (Imbolc)

Cette sauce au fromage étonnamment simple est si facile à réaliser que même les sorcières les moins douées en cuisine peuvent la concocter, et elle est très bonne. Les trois ingrédients principaux font écho à Brigit, la triple déesse que nombre de personnes célèbrent à Imbolc.

- 55 grammes de cheddar râpé ;
- 50 grammes d'oignon blanc émincé ;
- 230 grammes de mayonnaise ;
- 2 à 4 gouttes de sauce piquante (comme du Tabasco) ;
- des chips tortillas ou du pain à tremper dans la sauce.

Mélangez les quatre premiers ingrédients et faites cuire à 180 °C pendant 25 à 30 minutes, jusqu'à ce que la sauce soit fondue et croustillante. Servez-la chaude de préférence.

Œufs mimosas (équinoxe de printemps)

- Une douzaine d'œufs durs ;
- 115 grammes de mayonnaise ;
- 1 cuillère à soupe de moutarde de Dijon ;
- 2 cuillères à café de raifort ;
- du paprika à saupoudrer sur le dessus ;
- brins de ciboulette à déposer sur le dessus (ils représentent les nouvelles herbes du printemps).

FACULTATIF : 3 à 4 gouttes de sauce piquante (comme du Tabasco).

Faites cuire les œufs et laissez-les refroidir. Coupez-les en deux, retirez délicatement les jaunes et réservez les blancs. Mélangez les jaunes d'œufs avec la mayonnaise, la moutarde et le raifort jusqu'à obtenir une mixture crémeuse. Remplissez les blancs d'œufs du mélange à base de jaunes puis saupoudrez de paprika et de ciboulette.

(Variante d'une recette tirée de *Witchcraft on a Shoestring*.)

Salade sensuelle de Beltane

La plupart des gens estiment que les salades, ce n'est pas folichon ; cependant, quand elles sont bien faites, elles peuvent être sublimes. Le 1er mai, moment où nous commençons à récolter les premiers légumes verts dans le jardin, est le moment parfait pour célébrer la terre qui revient à la vie, avec quelques surprises agréables.

- Une petite tête de laitue rouge déchirée en petits morceaux ;
- 60 grammes de jeunes pousses d'épinards ;
- 120 grammes de fraises équeutées et coupées en tranches (vous pouvez en utiliser davantage si vous le souhaitez) ;
- 15 à 20 grammes d'herbes fraîches (par exemple aneth, persil, ciboulette, menthe, basilic) ;
- environ 35 grammes de graines de tournesol ;
- noix rôties au sirop d'érable ou enrobées de miel.

Mélangez la laitue, les épinards et les herbes. Sur le dessus de la salade, déposez des tranches de fraises, des graines de tournesol et des noix. (En réalité, je ne pèse pas mes ingrédients ; cette recette peut parfaitement être exécutée approximativement.) Vous pouvez utiliser l'assaisonnement de votre choix pour cette salade, mais moi, j'aime soit une vinaigrette simple à base d'huile d'olive, de vinaigre balsamique et d'une pointe de moutarde de Dijon, soit de la sauce crémeuse *Green Goddess*. Après tout, c'est bien la Déesse (verte) que nous célébrons !

Salade de pâtes pour le solstice d'été

Il n'y a rien de mieux que des légumes frais tiédis par le soleil d'été. Si vous n'avez pas de jardin (ou qu'il ne donne pas encore beaucoup de légumes), essayez de vous procurer les ingrédients de cette salade de pâtes dans un marché, voire dans le rayon « produits locaux » de votre supermarché. Cette salade est facile à faire, vous pouvez en changer les ingrédients selon vos souhaits et elle peut être préparée la veille si vous manquez de temps. Cette recette compte parmi les préférées de mon groupe et je la réalise presque tous les ans.

- 1 sachet de 500 grammes de rotini ou de pâtes de n'importe quelle autre forme. J'aime les spirales des rotini et j'en prends généralement au blé complet pour que ça soit plus sain, mais libre à vous de choisir vos pâtes préférées. Faites-les cuire en suivant les instructions sur l'emballage et laissez refroidir. Mettez dans un saladier.
- 2 grosses tomates coupées en dés d'environ 2 centimètres, ou une grappe de tomates cerises coupées en deux. (Astuce : si vous prenez des petites tomates de toutes les couleurs, la salade

aura un air encore plus estival. J'aime en mélanger des rouges, des orange et des jaunes pour représenter les couleurs du feu et du soleil.)

- 1 gros concombre ou 2 petits concombres à cornichons, coupés en dés ;
- 15 grammes de jeunes pousses d'épinards ou de chou kale, coupées en petites longueurs ;
- 15 grammes d'herbes fraîches hachées (j'aime mettre du basilic et du persil, mais vous pouvez aussi prendre de la menthe) ;
- 8 grammes de ciboulette fraîche hachée ;
- 90 grammes d'olives coupées en deux ;
- 70 grammes de parmesan râpé (pour rendre la recette végane, servez-le à part ou omettez-le totalement) ;
- 45 grammes de pignons de pin ou de graines de tournesol ;
- 160 millilitres d'huile d'olive extra-vierge mélangée avec 80 millilitres de vinaigre balsamique ou de vinaigre de champagne et 1/2 cuillère à café de moutarde de Dijon pour réaliser une vinaigrette (ou bien vous pouvez prendre l'assaisonnement tout prêt de votre choix).

Mélangez les pâtes avec tous les autres ingrédients puis ajoutez la vinaigrette.

(Variante d'une recette tirée de *Witchcraft on a Shoestring*.)

Salade d'automne maïs et pomme (Lammas)

À Blue Moon Circle, nous adorons toutes les salades, mais nous aimons les modifier en fonction de la période de l'année et de ce qui est de saison. En voici une qui tire profit du maïs et des premières pommes, ainsi que des légumes verts et des herbes qui perdurent dans notre jardin.

- Faites cuire deux épis de maïs (si vous voulez sortir le grand jeu, vous pouvez les faire griller, ce qui leur confère un arôme fumé encore plus agréable). Égrainez les épis et réservez.
- Coupez un oignon doux en fines tranches, puis coupez ces tranches en deux. Faites revenir sur le feu jusqu'à ce que l'oignon soit tendre, mais pas mou (environ 5 minutes), puis ajoutez le maïs dans la poêle. Assaisonnez avec du sel, du poivre et une pincée d'épices cajun si vous aimez les goûts relevés.
- Ajoutez 50 grammes d'amandes effilées dans la poêle et faites revenir encore 2 à 3 minutes. Retirez du feu.
- 100 à 150 grammes de laitue romaine ou rouge déchirée en petits morceaux

FACULTATIF : 15 grammes de jeunes pousses d'épinards ou de chou kale, déchirées en petits morceaux (si vous voulez une salade plus copieuse).

- 15 grammes d'herbes hachées (je prends généralement du basilic, du persil et de la ciboulette, mais vous pouvez choisir d'autres sortes) ;
- 1 grosse pomme coupée en gros dés ;
- assaisonnement de votre choix (la sauce *Green Goddess* est idéale pour cette salade).

Faire cuire les trois premiers ingrédients ensemble comme expliqué ci-dessus. Ensuite, assemblez la salade en mettant les légumes verts dans un grand saladier, les pommes par-dessus, et enfin le mélange oignon/maïs/amandes. Vous pouvez la mélanger aussitôt ou bien juste avant de la servir. C'est comme avoir l'automne directement dans son assiette !

Superpositions de courge spaghetti (Mabon)

À l'équinoxe d'automne, la saison froide a déjà commencé et on se met à avoir envie de plats chauds et consistants. On commence à trouver des potirons et des courges en tous genres dans le jardin et sur les marchés. Ma courge préférée est la courge spaghetti, qui peut se substituer aux pâtes, car elle est remplie de longs filaments. S'il y a des végans à votre festin, vous pouvez mettre du fromage sur une seule moitié de la courge. Il est également possible de doubler les quantités si vous avez beaucoup d'invités. Personnellement, je ne mesure pas vraiment les ingrédients quand j'effectue cette recette, donc le résultat est un peu différent à chaque fois. Les multiples couches peuvent symboliser le fait que nous nous préparons à nous terrer dans notre tanière, et si vous parvenez à un bon équilibre entre les goûts, ce sera parfait pour cette fête qui célèbre l'équilibre entre jour et nuit.

- 1 grosse courge spaghetti cuite (45 minutes à 200 °C ; la cuisson est terminée lorsque vous pouvez enfoncer facilement une fourchette dans la chair), puis suffisamment refroidie pour que vous puissiez la couper en deux dans le sens de la longueur et en retirer les graines. Grattez l'intérieur pour dégager un peu les filaments. Laissez le four allumé, mais en baissant la température à 180 °C.

Disposez ou étalez les ingrédients en couches fines : chaque couche devrait tout juste recouvrir la couche d'en dessous, même s'il vous est toujours possible de mettre un peu plus de vos ingrédients préférés, si vous le souhaitez.

- du pesto (j'utilise mon pesto fait maison, mais vous pouvez en acheter du tout prêt) ;
- de la ricotta ;
- des bruschettas ou des tomates fraîches coupées ;

- des noix et oignons sautés à la poêle (faites-les cuire pendant que la courge est au four) ;
- du parmesan râpé.

Mettez la courge garnie dans un plat et enfournez à 180 °C jusqu'à ce que le fromage fonde et que la courge soit bien chaude, soit 20 à 25 minutes. Vous pouvez présenter la courge telle quelle sur un plat afin que chacun se serve une portion, ou bien découper des parts individuelles.

Pommes de terre rôties au romarin (Samhain)

À cette période de l'année, nos ancêtres païens stockaient des légumes racines qui allaient les nourrir pendant les mois froids et stériles à venir. Les pommes de terre constituent donc un plat particulièrement adapté pour ce sabbat, et le romarin est lui aussi très pertinent, puisqu'il dénote le souvenir et que Samhain est l'occasion de nous remémorer nos proches disparus.

- 450 à 900 grammes de petites pommes de terre (selon le nombre d'invités). Moi, j'aime les rattes, mais les petites pommes de terre rouges feront également l'affaire. Les petites pommes de terre cuisent plus vite que les grosses et sont plus faciles à servir ;
- 80 millilitres d'huile d'olive (si vous voulez sortir le grand jeu, vous pouvez la remplacer par de la graisse de canard) ;
- 2 cuillères à soupe de romarin haché (le romarin frais est idéal, mais la version séchée convient très bien aussi) ;
- 1 cuillère à café de gros sel (de mer ou casher) ;
- poivre moulu (dosez selon vos goûts).

FACULTATIF : pour donner encore plus de goût, vous pouvez mettre d'autres herbes, telles que du thym, ou bien ajouter de l'ail ou des échalotes émincés.

Lavez les pommes de terre puis ajoutez l'huile, les herbes, le sel et le poivre. Faites cuire 30 à 40 minutes à 180 °C ; en fin de cuisson, vous devriez pouvoir enfoncer facilement une fourchette dans la chair.

Choucroute de Yule

Le solstice d'hiver est le moment idéal pour festoyer avec ses amis, même s'ils ne sont pas sorciers ou païens. Demandez à chacun d'apporter un plat roboratif et réconfortant ou un dessert gourmand à partager. À Blue Moon Circle, nous organisons tous les ans un dîner de Yule où nous invitons nos amis et notre famille, et l'une des membres a pris l'habitude d'apporter ce plat que sa famille servait souvent pendant les fêtes. Si vous avez des végétariens à table, vous pouvez opter pour des saucisses sans viande. Nous faisons toujours en sorte d'avoir suffisamment de plats différents pour que chacun puisse manger quelque chose qui lui plaît.

- 450 grammes de saucisses italiennes douces ;
- 1 oignon moyen émincé ;
- 2 pommes (pelées ou non) coupées en quartiers ;
- 65 grammes de sucre roux ou 60 millilitres de sirop d'érable ;
- une boîte ou un bocal de 750 g de choucroute non égouttée ;
- 235 millilitres d'eau.

FACULTATIF : 1/2 cuillère à café de sauge.

Faites cuire les saucisses et l'oignon dans une marmite en fonte jusqu'à ce que la saucisse brunisse et que l'oignon soit ramolli. (Si vous ne possédez pas de marmite en fonte, vous pouvez utiliser une casserole classique puis tout verser dans un plat au moment de poursuivre la cuisson au four.) Ajoutez tous les autres ingrédients, couvrez le récipient et faites cuire au four à 180 °C pendant environ 1 heure.

Attention

Ce n'est jamais une bonne idée d'ajouter des herbes ou des ingrédients dans un plat sur un coup de tête si vous ignorez les habitudes alimentaires des personnes qui vont le consommer. En raison des allergies et des préférences alimentaires de chacun, ce qui pourrait faire le bonheur d'un convive fera le malheur d'un autre. Si vous préparez un plat pour tout un groupe, l'idéal est de vérifier au préalable les allergies potentielles ou de demander aux invités la liste des ingrédients qu'ils ne consomment pas. N'oubliez pas non plus qu'il pourrait y avoir des végétariens, des végans ou d'autres personnes au régime alimentaire spécifique. Demandez à vos invités de vous signaler tout problème en amont.

CORRESPONDANCES

Votre livre des ombres regorge de correspondances d'herbes, de pierres et autres éléments, mais c'est toujours plus pratique de réunir toutes ces correspondances en un seul et même lieu.

Voici la liste la plus basique qui soit. Au fur et à mesure que vous déterminez ce qui fonctionne le mieux pour vous, pensez à noter ici vos propres correspondances afin de pouvoir vous y référer plus tard ou de les partager avec d'autres sorcières.

Guérison/Paix

DIEUX ET DÉESSES : Apollon, Bélénos, Brigit, Eir, Isis, Guan Yin, Morphée, Nuada, Rhiannon.

PIERRES : ambre, améthyste, aventurine, cornaline, cristal de quartz, fluorite, grenat, hématite, jade, jais, jaspe, lapis-lazuli, malachite, onyx, pierre de sang, quartz fumé, sodalite, turquoise.

HERBES : aneth, calendula, camomille, cataire, eucalyptus, géranium, lavande, mélisse officinale, menthe poivrée, pomme, romarin, rose, thym.

COULEURS : bleu, noir (pour bannir la maladie), vert (croissance).

RUNES : Uruz, Kenaz, Sigel, Tir, Ing.

Amour

DIEUX ET DÉESSES : Aengus, Aphrodite, Astarté, Bastet, Cupidon, Éros, Freyja, Hathor, Inanna/Ishtar, Isis.

PIERRES : agate, améthyste, grenat, jade, lapis-lazuli, malachite, pierre de lune, quartz rose, turquoise.

HERBES : basilic, calendula, camomille, cannelle, cataire, citron, clou de girofle, géranium, lavande, mélisse officinale, œillet, pomme, rose, thym.

COULEURS : rose (amour romantique), rouge (amour passionnel).

RUNES : Fehu, Kenaz, Gifu, Wunjo, Beorc, Ing, Laguz.

Prospérité/Abondance

DIEUX ET DÉESSES : Cérès, Le Dagda/Daghda, Déméter, Fortuna, Freyja, Proserpine, Saturne.

PIERRES : aventurine, citrine, jade, malachite, œil-de-tigre, pierre de sang, turquoise.

HERBES : aneth, basilic, cannelle, clou de girofle, gingembre, menthe poivrée, patchouli, santal.

COULEUR : vert.

RUNES : Fehu, Daeg, Othel, Gifu, Uruz, Tir.

Protection

DIEUX ET DÉESSES : Bastet, Bès, Heimdall, Isis, Sekhmet, Thor.

PIERRES : agate, ambre, améthyste, citrine, cornaline, cristal de quartz, grenat, jade, jais, jaspe rouge, lapis-lazuli, malachite, onyx noir, pierre de lune, turquoise.

HERBES : ail, aneth, basilic, camomille, cannelle, eucalyptus, genièvre, géranium, persil, romarin, rose, sauge.

COULEURS : noir, blanc.

RUNES : Thurisaz, Eihwaz, Eolh, Kenaz.

À PROPOS DE L'ILLUSTRATRICE

Tristan Fox Mueller

Mickie Mueller est sorcière pratiquante depuis plus de vingt ans. Elle a illustré de nombreux jeux de tarot et d'oracle, et depuis 2007, ses illustrations sont apparues dans divers livres et périodiques de chez Llewellyn Publications ; certains d'entre eux comprennent d'ailleurs des articles écrits par Mickie. Pour elle, l'art est un procédé magique, et elle a recours à différentes méthodes pour imprégner ses œuvres d'intentions magiques. En plus d'être artiste, elle est auteure et anime des tutoriels pratiques de sorcellerie sur YouTube. Depuis le Missouri, où elle habite, elle vend avec son mari, Dan, ses œuvres d'art dans le monde entier. Pour découvrir un peu plus l'art de Mickie, rendez-vous sur mickiemuellerstudio.etsy.com

Vous avez aimé *Le Livre des ombres de la sorcière éclectique* ?

N'hésitez pas à le faire savoir !
Laissez-nous un avis et/ou une photo sur votre réseau social favori !

Vos commentaires participent à la visibilité de notre travail et nous aident à toujours vous proposer des ouvrages au plus proche de vos attentes.

Merci

LIVRES DU MÊME ÉDITEUR

De la même auteure

ÊTRE SORCIÈRE

Vous êtes donc une Sorcière... Et maintenant ?

Les bases païennes n'ont plus de secret pour vous mais aujourd'hui vous aimeriez vous épanouir pleinement dans votre quotidien ? Vous avez des questions qui restent encore sans réponse ? Vous vous demandez comment le fait d'être une Sorcière peut vous aider à gérer une crise ? Comment partager votre espace avec des non-païens ? Comment créer l'autel qui vous convient ? Autant de questions auxquelles Deborah Blake, auteure connue et reconnue de la sphère païenne, mais également Grande Prêtresse wiccane, nous répond ici dans cet ouvrage. Retrouvez une approche moderne de la sorcellerie pour une vie de Sorcière épanouie ! De quoi insuffler plus de magie et de spiritualité au sein de votre quotidien !

Un guide pratique et de survie, pour toutes les Sorcières de notre ère !

15 × 21 cm / couleur / 336 p.

UNE ANNÉE DE MAGIE

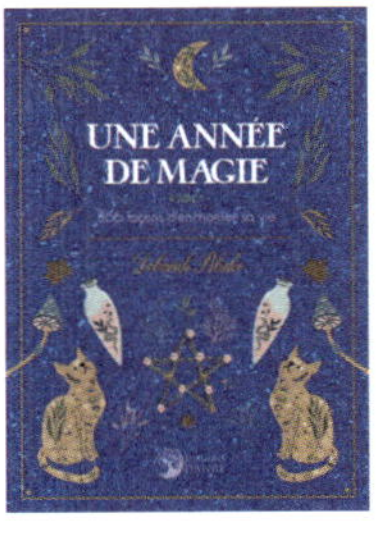

Votre parenthèse magique quotidienne... Qu'allez-vous faire de cette nouvelle année ? Quel voyage envisagez-vous pour vous-même ? Que voulez-vous changer et faire grandir, ou continuer à construire ? Dans *Une année de magie*, Deborah Blake, auteure d'*Être sorcière*, vous propose – dans un ton enjoué et amical ! – une multitude de moyens simples et efficaces pour vous connecter à votre magie tout en voyageant au cœur de la Roue de l'année.

Ce livre aborde divers aspects d'une pratique païenne moderne, notamment la connexion avec la nature, la Déesse et le Dieu, l'observation des fêtes et de la lune, la réalisation de créations artisanales et de recettes faciles, des questions à méditer et, bien sûr, suggère des sorts, des rituels et des affirmations simples.

Une année de magie est conçu pour suivre une année entière, en commençant par le 1er janvier. Mais rien ne vous empêche de démarrer sa lecture à compter d'aujourd'hui, ou même de l'ouvrir au hasard. Vous êtes seul maître du jeu !

15 × 21 cm / couleur / 416 p.

LE LIVRE DES OMBRES DE LA SORCIÈRE DE JASON MANKEY

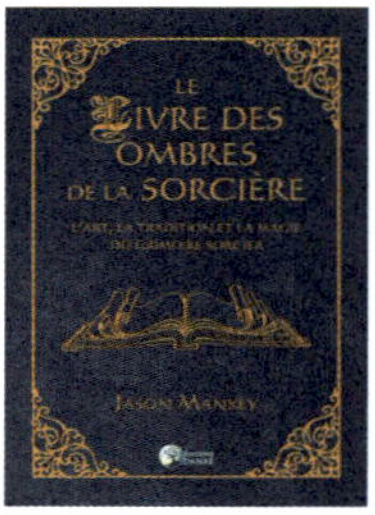

Un Livre des Ombres pertinent rassemble l'ensemble des savoirs ésotériques d'une sorcière : il est une carte qui lui montre sa voie, un guide personnel d'exploration de la magie et des mystères de la sorcellerie.

À travers cet ouvrage, découvrez l'histoire fascinante et les emplois traditionnels et modernes du Livre des Ombres de la sorcière. Vous trouverez dans ce guide très pratique tout ce dont vous aurez besoin pour créer, choisir - voire assembler vous-même - un Livre des Ombres, lui donner une place dans vos rituels et vous servir de cet outil essentiel et si précieux.

Jason Mankey est blogueur païen, chroniqueur pour le magazine *Witches and Pagans*, et rédacteur en chef du Pagan Portal sur Patheos. Il voyage dans toute l'Amérique du Nord pour assister à des festivals de magie et de paganisme, où il parle de rock'n'roll, de divinités païennes et de l'histoire du paganisme.

15 × 21 cm / NB / 240 p.

REBEL WITCH DE KELLY-ANN MADDOX

La rébellion spirituelle est en marche !

Parce que la sorcellerie est une pratique intime et toute personnelle, *Rebel Witch* offre à ses lecteurs une perspective nouvelle s'inscrivant dans l'expérimentation et l'appropriation. Artisanat, création d'un espace sacré, sorts, rituels et autres potions y sont passés en revue dans une perspective innovante et propice à la créativité.

Véritable manifeste pour la liberté et l'identité, ce livre offre une approche résolument contemporaine de la sorcellerie et invite chaque sorcière à créer une pratique qui lui est propre, fidèle à son parcours de vie.

Vous êtes une inconditionnelle des *Aventures d'Alice au pays des merveilles* ou du *Monde de Narnia* ? Faites de leurs extraits vos textes sacrés ! Les célébrations de la Roue de l'année ne résonnent pas en vous ? Créez votre propre calendrier ! Les déités traditionnelles ne vous inspirent pas ? Troquez-les pour une icône de cinéma ou une star du rock ! Un ouvrage pratique et inclusif qui ouvre plus que jamais le champ des possibles...

15 × 21 cm / couleur / 360 p.